"JOVEN, RICO Y RETIRADO"

Obtén LIBERTAD FINANCIERA
Vive con INDEPENDENCIA
RENUNCIA a tu empleo
VIAJA por el mundo

ALEXANDER MORILLO

Aviso legal y exención de responsabilidad

La información contenida en este libro no está diseñada para reemplazar ningún tipo de medicamento ni consejo médico profesional, únicamente ha sido dada a conocer con fines educativos y de entretenimiento. Se ha compilado a partir de fuentes que se consideran confiables y es precisa según el conocimiento de los autores. Sin embargo, los mismos no pueden garantizar su exactitud y validez y no pueden ser responsabilizados por errores u omisiones. Periódicamente se hacen cambios a este libro. Debe consultar a su médico u obtener asesoramiento médico profesional antes de utilizar cualquiera de los remedios, técnicas o información sugeridos en este libro. Al utilizar la información contenida en este libro, usted acepta que los autores no se responsabilizan de ningún daño, costo y gasto, incluidos los honorarios legales derivados de la aplicación de cualquiera de la información proporcionada por esta guía. Este descargo de responsabilidad se aplica a los daños o lesiones causados por el uso y la aplicación, ya sea directa o indirectamente de contrato, agravio, negligencia, lesiones personales, intención criminal o por cualquier otra causa de acción. Acepta asumir los riesgos de usar la información presentada en este libro, debiendo consultar a un profesional médico antes de seguir las recomendaciones expuestas en esta obra.

ÍNDICE

INTRODUCCIÓN..5

CAPÍTULO I: ¿CÓMO ALCANCÉ MIS PRIMEROS $1,000 DÓLARES MENSUALES?.......7

CAPÍTULO II: CONCEPTOS BÁSICOS................12

CAPÍTULO III: LA LIBERTAD FINANCIERA COMIENZA POR TENER LA ACTITUD CORRECTA 27

CAPÍTULO IV: HÁBITOS PARA ALCANZAR LA LIBERTAD FINANCIERA................................45

CAPÍTULO V: PLANIFICANDO TU FUTURO 71

CAPÍTULO VI: HERRAMIENTAS PARA ALCANZAR LA LIBERTAD FINANCIERA 88

CONCLUSIÓN 111

INTRODUCCIÓN

Las finanzas personales son un gran dolor de cabeza para millones de personas alrededor de todo el mundo. Día a día escuchamos un sin número de lamentaciones por problemas económicos como por ejemplo no poder llegar a final de mes sustentado por un salario o por la saturación que alcanzan mensualmente las tarjetas de crédito y el sobreendeudamiento en el que caen muchas personas. En muchas ocasiones nosotros mismos nos vemos envueltos en este tipo de situaciones las cuales son muy difíciles.

No obstante, se encuentran las personas que, teniendo las mismas habilidades, capacidades y recursos disponibles, han conseguido superar los obstáculos y alcanzar la libertad financiera. Ciertamente, existen quienes debido a factores que no vienen al caso, nacen con una situación privilegiada. Pero lo cierto es que la gran mayoría se diferencia solo en su percepción del dinero y capacidad para producir ganancias.

¿Cualquier persona podría sumarse a este grupo y alcanzar la tan anhelada libertad financiera? ¡Por supuesto que sí! La clave reside en la educación financiera, esto no se refiere a estudios de alto nivel, ni nada que se le parezca. La educación financiera se logra a través de conocimientos bastantes básicos sobre el funcionamiento del dinero y las finanzas en la cotidianidad.

Desafortunadamente, las escuelas y las universidades se ocupan muy poco de enseñar sobre este tema tan importante. Como resultado, muchos son los que desconocen cómo manejar su dinero y terminan frecuentemente en problemas de índole económico. En este sentido, el conocimiento de quienes sí consiguen el éxito financiero es empírico, y suele provenir de enseñanzas familiares o de experiencias vividas a lo largo de la vida. Esta es muchas veces una manera difícil y dolorosa de aprender sobre finanzas.

El problema se agrava con la evidente tendencia de la sociedad hacia un consumo frenético e impulsivo de compras muchas veces innecesarias. Frecuentemente las empresas parecen empujar a las personas a gastar cada vez más y más con el fin de enriquecerse ellas mismas. La publicidad y los comerciales parecen inducir, con bastante efectividad, hacia necesidades inexistentes pero que imperativamente deben saciarse a través de la compra de algún producto.

Además, la industria bancaria se muestra cada vez más dispuestas a financiar este consumismo descontrolado, por medio de financiamientos con múltiples opciones para elegir. Esto, en un primer momento parece una idea fantástica, poder tener todo lo que se desea y pagarlo en varias cuotas. Sin embargo, se trata de una peligrosa arma de doble filo que a la larga suele llevar a contraer más deudas de las que se puede pagar.

En consecuencia, se termina trabajando toda la vida solo para pagar las deudas e intereses que hemos acumulado durante un largo periodo de consumismo. En este escenario se hace cada vez más lejana la posibilidad de conseguir la anhelada libertad financiera.

La buena noticia es que nunca es demasiado tarde para educarse en el manejo del dinero, cambiar los hábitos perjudiciales y alcanzar la libertad financiera. Todo esto es cuestión de concientizar lo que se está haciendo mal y sustituirlo o reemplazarlo con acciones que favorezcan el desarrollo económico. Y sin duda alguna, este libro es un estupendo primer paso para lograr ese camino correcto que todos deberíamos recorrer.

Capítulo I: ¿CÓMO ALCANCÉ MIS PRIMEROS $1,000 DÓLARES MENSUALES?

Para empezar, quiero contarte mi historia para que puedas ver cómo pasé de ser un ciudadano común y corriente, como todos en mi país, a ser un joven rico y retirado. ¡Sí, esto es posible y lo he logrado!

Mi nombre es Alexander Morillo, mejor conocido por mis amigos como "el gran Alex". Nací en Argentina de padres con una clase social media, no vivíamos mal, pero tampoco estábamos tan cómodos como podríamos haberlo estado. Éramos una familia corriente, al igual que la mayoría de las familias de mis amigos y a mi alrededor, mis padres trabajaban todo el día en horario de 8:00 a 18:00, gracias a eso siempre teníamos qué comer, dónde dormir y ropa para vestir. Sin embargo, debido a la situación económica estable que teníamos, irnos de fin de semana de vacaciones era como algo del otro mundo, una idea que tenía que ser planificada por meses e incluso habían años que esto era imposible. Vivíamos el día a día, trabajar, cenar en familiar, un poco de televisión y a dormir. Al otro día, era exactamente lo mismo.

En el año 2014 entré a la Universidad a estudiar la carrera de Negocios Internacionales. Desde pequeño, todo lo referente a negocios me ha llamado la atención. No solamente el dinero en sí, sino también los trámites, intercambios, acuerdos, etc. En mis 4 años de estudio aprendí muchos conceptos e ideas generales, si llevaba todo a cabo sería el mejor empleado, el mejor dueño de una empresa, el mejor jefe para mis empleados, etc. pero es increíble que durante toda la carrera el término Libertad Financiera ni siquiera se escuchó.

Las clases en la universidad no están enfocadas en la libertad económica, sino más bien en pasarse la vida entera trabajando de forma honorable y hasta cierto punto ganando dinero. Pero, a ¿qué se debe esto? ¿Por qué esta mentalidad? Trabajar y trabajar, vivir para trabajar en vez de trabajar para vivir.

Mis padres tienen la vida entera trabajando fuertemente y, aun así, su futuro no está asegurado, en el momento en que dejen sus empleos, ahí quedaron. Esta es una realidad que siempre me ha chocado. Durante mis años de universidad leí, investigué, me eduqué, pasaba largas horas en el internet leyendo sobre crecimiento personal, negocios online, ingresos pasivos, libertad financiera y temas similares. Este mundo es muy amplio, pero sumamente interesante e inspirador.

En los dos últimos años de universidad conseguí un empleo, me iba relativamente bien puesto que vivía con mis padres y no tenía que pagar alquiler ni alimentación. Sin embargo, tenía ese deseo imparable de superarme, viajar, y generar ingresos que no dependieran de mi esfuerzo diario ni de mi presencia. Indagando por el internet acerca de negocios en línea que se pueden realizar desde cualquier parte del mundo y que se pudieran empezar sin mucho capital, descubrí que muchas personas estaban en la misma situación que yo y muchas que ya estaban haciendo muchísimo dinero. Encontré que el mejor negocio para alcanzar la libertad financiera debería tener estas 3 características:

- Solucionar una necesidad existente. La razón por la que muchos negocios en línea no tienen éxito es porque venden lo que ellos quieren en vez de buscar una demanda que necesita ser satisfecha. Esto es lo primero que hay que analizar antes de empezar un negocio, ¿qué la gente anda buscando?

- Que funcione automáticamente y por sí solo. Obtener ingresos pasivos quiere decir, generar dinero sin necesidad de estar trabajando. Esto requiere automatización.

- Que aumente ingresos sin necesidad de más gastos. Que genere dinero por sí solo y que vaya en aumento.

Siguiendo esas 3 características, estos fueron los modelos más rentables y fáciles que encontré. Te los menciono para que tengas opciones y luego te diré cuál escogí yo.

- **Franquicias virtuales:**

Como en toda franquicia, tendrás que hacer una inversión, pero como es por internet no necesitarás algo físico ni empleados y por esto el costo no es tan alto. Las normas son básicamente las mismas que las franquicias tradicionales.

Para iniciar hay que informarse y conocer las empresas con las que queremos negociar, cuál es su condición actual e histórica y sus beneficios.

- **Negocios Multinivel Online**

También llamado Red de mercadeo, es un tipo de negocio rentable donde ganas a través de las ventas de productos o servicios y además creando tu propia red de distribuidores, los cuales te aportan comisión cada vez que realicen una venta.

En este tipo de negocio la inversión inicial suele ser baja, pero tiene una desventaja y es que los beneficios no lo ves de una vez, además de que debes ser buen vendedor y tener un alto nivel de convencimiento para conquistar a personas y que entren en tu red.

- **Invertir en los Mercados financieros**

Los mercados financieros son aquellos en los que se negocian los valores financieros tanto a nivel nacional como global. Los traders compran y venden esos valores para obtener ganancias y a la vez intentan evitar riesgos.

Este es uno de los mejores negocios por internet para generar ingresos pasivos. Consiste en apostar y tiene la ventaja de que algunas páginas te dan los primeros dólares para usarlos, lo que lo convierte en un negocio sin necesidad de inversión. Si sabes cómo hacerlo ganarás muchísimo dinero con este negocio. Sin embargo, es sumamente necesario que seas sabio, que estudies, analices, te documentes y hasta tomes tutorías o mentorías para entenderlo debido a que, si no lo sabes manejar, también podrías perder mucho dinero.

- **Dropshipping**

Este es mi favorito, actualmente está en auge y este es el que yo he usado para alcanzar mi libertad financiera. El dropshipping es un modelo de negocio en línea que consiste en vender por internet productos sin necesidad de tenerlos tú mismo.

Tienes una tienda en línea, la plataforma es tuya, allí publicas los productos o servicios y los promocionas. Cuando tus visitantes realizan una compra, tú te encargas de informarle al productor y este lo distribuye. En otras palabras, solo tienes que tener la plataforma y haces de intermediario entre el cliente y el fabricante. En este caso, el producto tiene un costo y tú le sumas la diferencia que será tu beneficio.

Este negocio es sumamente escalable si sabes escoger correctamente los productos o servicios que están en demanda. La inversión que tienes que hacer es mínima, no tienes que tener el producto contigo, solo te encargas de la página, y ya el fabricante se encarga de la forma de empaque, los envíos, el recibo, etc. aunque, tú serás la cara frente al cliente.

Como te dije, ahora mismo me dedico a este modelo de negocio, el cual me ha traído ingresos mensuales que jamás hubiese pensado que lograría tener. Lo mejor de todo es que ya el proceso está automatizado y no requiere de mi presencia. Sí, hago supervisiones y doy seguimiento, junto con otros dos amigos que también vieron mi crecimiento y se interesaron por generar ingresos pasivos a tal magnitud como lo estoy haciendo.

Como todo inicio, no es fácil, requiere esfuerzo, dedicación, tiempo, MUCHO tiempo, fueron largas horas de trabajo analizando y estudiando acerca de este negocio, pero luego del esfuerzo llega la recompensa. He ido escalando poco a poco, no imaginarás mi emoción cuando en el 8vo. mes recibí mis primeros $1,000 dólares con tan solo 11 productos en venta en mi plataforma. No, no fue fácil, pero si ha valido la pena.

Todo comenzó en mi mente, al leer y educarme cambié mi mentalidad. En los siguientes capítulos quiero enseñarte algunas de las cosas que tuve que aprender durante la universidad y mi proceso de emprendimiento para cambiar mi forma de pensar, los hábitos que adapté, las herramientas que usé. Todo emprendimiento debe empezar en la modificación de la mente. Debes ir de lo básico a lo práctico y esa emoción y euforia del conocimiento sobre la libertad financiera es la que te dará el impulso necesario para emprender en un negocio.

Capítulo II: Conceptos básicos

Cuando se trata de finanzas y economía existen una gran cantidad de conceptos cuya comprensión es imprescindible para tratar estos temas. No obstante, la mayoría de estos conceptos parecen muy lejanos del compendio de información que manejan las personas en general ¿La razón de esto? Pues, como ya se ha mencionado, el sistema educativo rara vez se enfoca en impartir los términos financieros o todas aquellas estrategias que existen para una gestión exitosa del dinero.

En consecuencia, palabras como presupuesto y gastos mayormente generan un gran temor, indiferencia o inseguridad en los individuos. Debido a esto es necesario, en primer lugar, familiarizarse y comprender lo suficientemente bien el significado y alcance de estos conceptos. Pues, esto no solo permitirá una mejor comprensión de las lecciones que aguardan en los siguientes capítulos de este libro, sino que, además, dichos conceptos forman parte de un sistema efectivo en el control y organización del dinero. Por tanto, te ayudará notablemente en la gestión de tus finanzas personales.

Así, aunque este libro no pretende ser un curso avanzado en finanzas, sí aborda la terminología básica necesaria para la comprensión de los temas aquí abordados. Es posible que algunos lectores ya le sean familiares, entonces este capítulo servirá de repaso para refrescar tales conocimientos ya adquiridos.

Libertad financiera

La libertad financiera puede resumirse en ese punto económico donde se puede vivir sin preocuparse de forma alguna por el dinero. Otra manera de verlo es la capacidad de una persona de cubrir todas sus necesidades económicas sin que para ello tenga que realizar algún tipo de actividad o trabajo.

Una manera fácil de medir esta capacidad es considerando la cantidad de meses que se puede vivir si se dejara de trabajar ahora mismo. Algunos tendrán una libertad financiera de solo unas semanas, unos meses e incluso tal vez hasta algunos años. ¿La meta? Alcanzar lo que resta de vida con una libertad financiera. Por ello, es preciso comenzar cuanto antes a trabajar en ello.

Por otra parte, la libertad financiera no tiene por qué tener un nivel elevado de ingresos, pero sí un nivel elevado de tiempo libre o disponible para hacer lo que bien le parece. Esto quiere decir que da mayor importancia a la riqueza en tiempo y no a la riqueza en dinero.

Las finanzas personales y la educación

En el transcurso de las últimas décadas muchos aspectos financieros han cambiado como resultado de nuevos paradigmas, nuevos modelos económicos y nuevas tecnologías. Sin embargo, poco o nada ha cambiado sobre la educación en relación a este tema. El sistema educativo no ha conseguido adaptarse a las nuevas directrices que el dinero impone en estos últimos años.

Como resultado está incompleto, y no provee a las personas de herramientas necesarias para gestionar adecuadamente sus finanzas, tanto los ingresos como los egresos. Vivimos en un mundo notablemente capitalista, pero recibimos muy poca información sobre cómo se mueve el dinero en este sistema.

En este sentido, el núcleo familiar suele aconsejar: "estudia mucho, saca buenas calificaciones, ve a la universidad, consigue un buen empleo, ahorra y trabaja arduamente". Sin duda alguna, jubilarse ha pasado a ser una percepción empírica que tiempo atrás era el mejor de los consejos pero que hoy en día puede quedar algo corto. Ya esto no es suficiente, pese a que fue una fórmula exitosa para nuestros padres y abuelos, ahora es necesario ir más allá si se desea contar con un retiro y una vida cómoda.

Por otra parte, en una menor cantidad de familias se predica con palabras y ejemplos fehacientes sobre el funcionamiento del dinero. Es por ello que las familias adineradas suelen permanecer adineradas durante generaciones. Pues, los hábitos financieros se aprenden primordialmente del entorno más cercano. De igual forma, las malas costumbres financieras van de los padres a sus hijos, haciendo que perpetúe la pobreza.

En cuanto a la formación académica y profesional, solo en las carreras financieras suele abordarse los temas pertinentes. Pero incluso allí pueden omitirse aspectos claves sobre el dinero. La razón de este fallo es que todo el sistema educativo suele centrarse en el aprendizaje de las habilidades para encontrar un "buen empleo" y una "buena posición".

No obstante, este ciclo puede romperse, muchas veces por medio de mera voluntad que lleva a imitar otros patrones más acertados, pero primordialmente a la determinación de educarse financieramente. Es decir, adquirir las habilidades que son sumamente necesarias para usar el dinero, invertirlo, construir negocios, crear empleos y generar riquezas.

En este sentido, personajes como Steve Jobs, Bill Gates, Howard Schultz y Mark Zuckerberg son un claro ejemplo de cómo el buen entendimiento financiero tiene un peso tan importante como tener una carrera universitaria o talento en alguna cosa u otra. Esto no supone que se deba desechar la formación académica y profesional, o la búsqueda de un buen empleo.

Se trata de estrategias complementarias e indispensables en el camino al éxito financiero y profesional. Así, dado que el sistema educativo hace hincapié en los dos primeros aspectos, es menester de cada persona procurar la mejor formación financiera posible.

En el caso de los personajes mencionados anteriormente, se debe destacar de ellos sus habilidades financieras y la educación que recibieron para construir sus proyectos y alcanzar la libertad financiera que tuvieron y tienen hoy en día.

Pobreza y bancarrota

La pobreza es un concepto muy intuitivo que desde la infancia se puede comprender como la falta de recursos para adquirir las cosas que se quieren o que se necesitan. Sin embargo, de manera más exacta se puede concretar que es cuando no se tienen ingresos suficientes para cubrir las necesidades básicas del ser humano.

Esta formulación ya plantea un punto de partida sobre las necesidades básicas, es decir: comida, vivienda, salud, educación, entre un sin número de cosas más. Ahora bien, existen otros tipos de mediciones más o menos objetivas empleadas por distintas organizaciones alrededor del mundo. Por ejemplo, se puede comparar el ingreso con el promedio de lo percibido por la población, o bien hablar de diferentes niveles de pobrezas.

De esta manera, en primer lugar, se habla de "pobreza absoluta" cuando la persona no puede por nada del mundo cubrir sus necesidades inmediatas. Es decir, carece de los ingresos necesarios para adquirir comida para saciar el hambre de los próximos días o incluso de las siguientes horas. Este es el nivel más alto de pobreza, pues la persona se encuentra en riesgo permanente al no poder subsistir por sus propios medios. En definitiva, no es digno de ningún ser humano.

El segundo concepto viene siendo "pobreza leve", la cual hace referencia a tener dinero o recursos insuficientes para cubrir las necesidades básicas inmediatas de manera total. Se diferencia de la pobreza absoluta, pues en este escenario el individuo puede hacer frente a algunos de los desafíos financieros para sobrevivir, pero no a todos.

Por último, se encuentra la "pobreza moderada", donde se tiene dinero solo para satisfacer las necesidades inmediatas. Si bien, las personas en esta categoría disponen de lo necesario para vivir, pero la más mínima traba o dificultad que se les presente puede llevarlos a padecer las circunstancias de los dos primeros escenarios. Pese a que se trata, sin lugar a dudas, de una situación mejor que las anteriores, no es la ideal. Por ello, precisan trabajar y generar ingresos continuamente antes de poder satisfacer sus necesidades económicas para vivir.

Bancarrota

A pesar de que hay quienes viven bajo la pobreza absoluta o leve y son los que mayormente requieren con más urgencia cambiar sus patrones financieros, lo cierto es que esas NO son las personas que normalmente recurren a libros como este, ni son las que más buscan educarse en este sentido. Los individuos que se encuentran en pobreza moderada o que ni siquiera son pobres, son los que acuden en mayor medida a este tipo de guía buscando opciones para mejorar su estilo de vida en cuanto a lo económico se refiere. Pero también, esos mismos son los que tienen la particularidad de temer en gran medida a la pobreza, pues conocen la fragilidad de su situación. Por ello, se inquietan ante lo que llamamos "bancarrota", lo cual consiste en no tener dinero para enfrentar ciertos desafíos financieros inmediatos. Para aclarar, estar en la quiebra no es lo mismo que ser pobre, estos son conceptos diferentes.

En este sentido, se debe señalar que es posible quedar en bancarrota sin ser pobre, al igual que se puede ser pobre sin estar en bancarrota. Para comprenderlo, se debe mirar a algunos personajes, hoy en día multimillonarios, que han estado en bancarrota, tales como Martha Stewart, Walt Disney y nuevamente Jobs o Gates. Estos llegaron a estar en la quiebra, sin embargo, su condición no era la típica pobreza, pues, en primer lugar, confiaban en que sus habilidades le llevarían de nuevo a la cima, y en segundo, nunca dejaron de tener metas financieras concretas.

Con relación a este segundo punto, muchas veces su intención de ser millonarios los llevó a poner todos sus recursos en proyectos cuyos resultados futuros rindieron grandes frutos, pero que les dificultó cubrir cosas básicas como la renta, combustible o incluso su propia alimentación. No obstante, jamás perdieron de vista el fin último de su situación financiera. Asimismo, mantuvieron hábitos saludables con relación al manejo de sus finanzas. La bancarrota fue solo una etapa pasajera que lejos de convertirles en personas pobres les impulsó hacia una vida llena de abundancia.

Riqueza, suficiencia económica e independencia financiera

La noción de riqueza puede variar mucho de una persona a otra. Pues, esta es una idea que se va formando según las vivencias financieras de cada quien, a lo largo de su vida, primordialmente durante la infancia y la juventud. Así, muchas veces, se cae en el error de creer que la riqueza se relaciona con la acumulación de dinero o bienes materiales.

Sin embargo, en el contexto de las finanzas personales, la riqueza neta de un individuo se define como el valor total de sus activos menos el importe de sus deudas. Esto es el dinero en el banco, inmuebles e inversiones, menos hipotecas y otras deudas.

De acuerdo con esto, el concepto de riqueza tiene una estrecha relación con lo que es la seguridad financiera o el bienestar financiero. Así, si bien cosechar la riqueza necesaria para retirarse felizmente es la meta, primero se debe alcanzar estados de suficiencia e independencia económica.

Esto es, en primer lugar, cuando se cruza la brecha de la pobreza moderada y se cuenta en todo momento con dinero suficiente para hacer frente a las necesidades a largo plazo, no solo a las que surgen de manera inmediata. De esta forma, la capacidad de ahorrar e invertir se incrementa significativamente.

Seguidamente, se debe construir un patrimonio suficientemente sólido para generar riqueza de manera independiente. Es decir, cuando se puede dejar atrás las relaciones laborales o bien ya no se precisa dedicar tiempo a la producción de riquezas. Comúnmente la independencia financiera se consigue por medio de activos como acciones que generan ingresos mayores a los gastos que se tienen.

Indudablemente, este es un estado deseable de riqueza, donde no solo se han acumulado activos, sino que estos generan ingresos que cubren las necesidades financieras. Llegar a este punto es posible, incluso si en este momento se es pobre, pero desde luego se necesita dedicación, disciplina, organización y sobre todo mucha inteligencia financiera.

Ingresos, gastos y presupuesto

Si se trata de palabras claves en el ámbito de la educación financiera, estas tres son sencillamente infaltables. Indiscutiblemente existen otras de gran importancia, pero estas constituyen pilares que deben entenderse y gestionarse correctamente si se desea llegar a tener la calidad de vida deseada y mantenerla a lo largo del tiempo, incluso en el momento en que ocurriría la jubilación.

Se trata de conceptos orientados a la planificación financiera, una tarea que la mayoría de las personas pasan por alto pero que es esencial para conseguir holgura económica. No obstante, se cree equivocadamente que solo las personas con grandes fortunas deben planificar sus finanzas. Este sí que es un error grave, cuya solución comienza por entender las siguientes definiciones:

Ingresos

Los ingresos son todas las entradas de dinero percibidas, la más relevante y común entre la mayoría de los mortales suele ser el salario o sueldo del empleado. Pero no se deben olvidar otros posibles ingresos como pensiones alimenticias, intereses de cuentas bancarias, subvenciones, trabajos extras, entre otras.

Gastos

Los gastos son, en contraposición, todas las salidas de dinero. Se trata de un dato clave para conocer realmente la situación financiera de una persona. Para ello, es preciso incluir todos los gastos actuales, desde los más grandes como el pago de la de una vivienda hasta los más pequeños desembolsos que se hacen a diario. Así, como otros de carácter eventual como son las vacaciones y las compras navideñas.

Mientras los ingresos son siempre fáciles de identificar, los gastos pueden parecer menos obvios, en especial los más pequeños que se dejan pasar porque se piensa que no serán significativos en las finanzas personales del mes. Sin embargo, al sumarlos nos damos cuenta de que en un mes pueden alcanzar cantidades sorprendentes.

Es preciso identificar y apuntar hasta el último y mínimo gasto. Lo más conveniente en este caso es llevar una agenda de egresos donde anotar cada desembolso realizado, por más pequeño que sea. Este es un proyecto en el que conviene involucrar al núcleo familiar, y que se debe llevar a cabo por al menos durante un mes.

Presupuesto

Los dos conceptos previos permiten determinar la situación financiera que se tiene, a partir de la cual es posible ajustar los gastos de acuerdo a los ingresos. Esto es la base de un presupuesto personal, el cual es un plan financiero que asigna los ingresos futuros a las diferentes salidas como gastos, ahorros y el pago de deudas.

Entre las características de un presupuesto personal se destacan dos aspectos fundamentales. En primer lugar, se trata de un documento, por lo que todas las asignaciones van asentadas sobre papel o computadora(digital), como gustes. Además, abarca un periodo de tiempo determinado.

En este sentido, lo más usual y recomendable es trabajar con base a un presupuesto mensual, aunque primero se debe hacer uno anual en el que se incluyan todos los ingresos y gastos totales. Luego, a partir de esta base, elaborar un presupuesto mensual que permita una gestión más detallada y simple de gastos e ingresos.

Estos simples conceptos financieros son la clave para disfrutar de un mayor bienestar en cuanto a finanzas se refiere y alcanzar los objetivos que nos proponemos. Desde luego, no se trata de una solución que ponga a fin a todos los problemas de la noche a la mañana, sino de un saludable proceso que a la larga aportará estabilidad en la vida de cualquier persona que lo lleve a cabo. Pues, introduce una ecuación sencilla que pone fin al estrés de no llegar a fin de mes, el sobreendeudamiento u otros problemas de esta índole.

Es necesario que los gastos que generamos sean inferiores a nuestros ingresos y utilizar el excedente para crear riqueza y lograr los objetivos mediante el ahorro y la inversión. Sin duda alguna, es esta la esencia de las finanzas personales.

Ahorro, inversión y endeudamiento

El ahorro y la inversión son dos aspectos indispensables en el camino a la libertad financiera. De esta manera, una vez se consigue un estado de equilibrio donde los ingresos superan los gastos, entonces es menester abocarse a determinar un plan adecuado de ahorro e inversión. De lo contrario, aun cuando se pase la vida con ingresos suficientes, será poco probable alcanzar la anhelada libertad.

Por ello, antes de continuar con otros aspectos importantes, es vital comprender los siguientes términos:

Ahorro

Ahorrar no es solamente guardar dinero, pues de poco sirve tenerlo acumulado y almacenado y no usarlo sabiamente. En este sentido, desde el primer momento en que se inicia el ahorro debe existir un propósito claro y detallado de lo que se hará con ese dinero. De lo contrario, guardar unas monedas no llegará a tener impacto alguno en la vida de quien ahorra.

Por ejemplo, el ahorro puede servir para estar preparados en caso de imprevistos o emergencias. Asimismo, puede ser un motor que nos impulse a alcanzar metas personales o familiares como la celebración de un matrimonio, realizar un viaje de vacaciones, pagar la universidad de sus hijos o bien comprarse un carro o una casa. Por último, puede ser la piedra angular para realizar inversiones, emprender un negocio o prepararse para la vejez.

Por ello, pese a que no es tarea fácil, el ahorro debe formar parte de todo presupuesto, reservando sin falta y de manera periódica alguna cantidad de los ingresos. En este sentido, los expertos sugieren que un porcentaje acertado para el ahorro es un 10% de las entradas totales percibidas a lo largo del mes. De esta forma, es más fácil hacerse la idea de que no cuenta con esta porción de sus ingresos.

Inversión

Existen definiciones más o menos elaboradas de la palabra invertir, sin embargo, una práctica común es la que hace referencia a tomar alguna cantidad determinada de dinero para hacerla crecer. Esto, puede conseguirse de diferentes maneras, una de estas formas es comprando cosas para revender o alquilar como acciones, bonos o bienes.

Frecuentemente, el dinero a invertir proviene del ahorro que una vez llegado a una cantidad específica y suficiente se invierte, produciendo nuevos ingresos. La periodicidad y regularidad de estas nuevas entradas dependerán del tipo de inversión que se realice. Por ejemplo, en el caso de las acciones y fondos de inversión, la renta es variable, pudiendo incluso percibir pérdidas. Son inversiones de alto riesgo. Mientras que, si se adquiere un inmueble para la renta, se percibirá siempre la misma cantidad de dinero.

Desde luego estos ejemplos son solo unas de las tantas opciones de inversión que existen. Así, entre los tipos de inversión más habituales se destacan los CDT (Certificado de Depósito a Término), carteras colectivas, inversión en acciones, bienes raíces, pagarés bancarios, entre muchos otros. Cada uno de estos métodos de inversión cuenta con diferentes riesgos y tasas de retribución, así mismo se pueden identificar distintos plazos de retorno (corto, medio o largo plazo).

Endeudamiento

El endeudamiento ocurre en el momento en que solicitamos un crédito y tenemos que pagar ciertas cantidades de dinero periódicamente para saldar el monto que nos han prestado, y en caso de que sean varios créditos, es el total de la suma de todas estas cantidades. En el ámbito contable comprende todas las obligaciones de pago que hayamos contraído ya sea con una persona, con el banco, con una empresa o con cualquier otra institución. El endeudamiento compromete parte de los ingresos que recibamos en el futuro ya que tendremos que ceder una cierta cantidad para poder cumplir con las obligaciones que hemos adquirido.

En pocas palabras, el endeudamiento es una herramienta que brinda acceso directo al dinero de otros para adquirir cosas. Estos suelen obtenerse con las entidades bancarias en diferentes formas como créditos, préstamos al consumo y préstamos hipotecarios.

A cambio, se debe pagar intereses que, dependiendo del tipo de instrumento, el monto y la institución puede ser a una tasa más o menos baja o alta, fijo o no fija.

Si se da una adecuada gestión, el endeudamiento sirve de palanca en la compra de bienes a largo plazo que difícilmente podrían comprarse sin esa ayuda. Sin embargo, el endeudamiento irresponsable, conduce a grandes problemas financieros como morosidad, embargos y en casos más radicales podría llevar a la pobreza.

Por ello, es indispensable estudiar las distintas alternativas disponibles antes de recurrir al endeudamiento, eligiendo la que se ajuste a la necesidad y al bolsillo de cada quien. Es importante, pensar bien antes de endeudarse, cuánto dinero es necesario y analizar gastos e ingresos para ello. De esta forma, se asegura que se cuenta con la capacidad de pago para hacer frente a los pagos de la deuda. Además, conviene revisar minuciosamente los hábitos de consumo y organizar las cuentas sin confundir necesidades con lujos. En este sentido, si bien se debe ser cauteloso, no se debe desechar el endeudamiento a la ligera. Pues, muchas veces es necesario y no hay que avergonzarse por ello.

En algunos contextos o culturas este puede asociarse con la pobreza, pero la realidad es que las personas ricas también recurren al endeudamiento. No obstante, la emplean de manera distinta, ya que por lo general cuando piden dinero prestado suelen destinarlo al financiamiento de inversiones o la adquisición de inmuebles. Mientras que, por otro lado, también hay personas que hacen uso de los créditos para satisfacer sus necesidades básicas. Esto sucede mayormente porque se ha incumplido la regla básica de no gastar más de lo que se gana, conllevando al terrible problema del sobreendeudamiento lo que dificulta o impide por completo el ahorro. Sin poder ahorrar, las personas dejan de protegerse para el futuro.

No hay fórmulas mágicas ni atajos

Construir riqueza y alcanzar la libertad financiera requiere de tiempo y esfuerzo. Esto es algo que cualquier persona que inicia desde cero podrá constatar. En general, se estima que conseguirlo tomará, en el mejor de los casos, 5 años y puede llegar fácilmente hasta los 20 años trabajando arduamente para llegar a su objetivo.

Además, suelen interponerse una larga lista de obstáculos y dificultades que tampoco podrán solucionarse al breve momento de simplemente chasquear los dedos. En consecuencia, se requiere de una adecuada planificación, así como de dedicación y constancia, pero ciertamente es una meta que muchos han alcanzado y que cualquiera puede conquistar si se enfoca en ello.

Se trata de una circunstancia análoga a cualquier competición deportiva. Por ejemplo, si se desea participar en una carrera de 10 kilómetros, se debe estar consciente de que esa será la distancia a recorrer. En muy imposible que esta cambie, es una variable fija. En consecuencia, la única variable con la que se puede jugar para lograr los 10 kilómetros es la velocidad a la que se correrá.

En algunas ocasiones el tiempo es también una variable fija. Muchas veces los proyectos e incluso las personas necesitan madurar y crecer. En este sentido, la formación y la experiencia adquirida marcará la diferencia entre el momento oportuno y uno poco conveniente. Omitir estos pilares puede hacer que se vaya más rápido pero también puede llevar a tropiezos y caídas, antes o después.

Resumen: Conceptos básicos

- La libertad financiera es un estado deseable, en el cual se tiene tiempo para disfrutar de las actividades que se disfrutan verdaderamente, a la vez que se perciben ingresos regulares o bien se tiene suficiente riqueza guardada para vivir por el resto de la vida. Así, se debe comenzar a trabajar en la libertad financiera tan temprano como sea posible, pues mientras más avanzada la edad más complicado será alcanzar la independencia financiera y, por ende, tardará más en conseguirse.

- Existe una serie de pasos y consideraciones a seguir para ser financieramente libre. Sin embargo, ninguno es tan necesario como procurarse a sí mismo enfocarse en la educación financiera. Esto se debe a que el sistema educativo suele excluir este tipo de formación, a la vez que la familia suele limitarse a la vieja fórmula de graduarse y conseguir un buen trabajo o un buen puesto.

- Existen diferentes niveles de pobreza, es necesario salir de todos y cada uno de ellos. Esto solo es posible si se gestiona bien el dinero disponible.

- Cada persona suele tener un concepto propio de riqueza, para algunos se trata de estatus, mientras que para otros consiste en contar con el tiempo necesario para hacer cosas que sean de su agrado.

- Los ingresos y gastos (entradas y salidas de dinero) deben registrarse y controlarse, en este último caso por medio del presupuesto.

- Si se resume en pocas palabras, la clave para alcanzar la libertad financiera reside en la capacidad para ahorrar y luego invertir, repitiendo el proceso una y otra vez.

- El endeudamiento es una herramienta que debe usarse con sabiduría, prefiriendo su uso para la adquisición de bienes que fortalezcan el patrimonio. A la vez que se evita gastar en cosas banales, superficiales y de lujo.

- No hay fórmulas mágicas, ni atajos, si se desea ser millonario, es indispensable trabajar arduamente. Asimismo, la paciencia, la capacidad para ahorrar, invertir y sobre todo educarse financieramente, es clave.

Capítulo III: La libertad financiera comienza por tener la actitud correcta

En general, las personas tienen creencias, motivos y mitos acerca del tema del dinero. Estos provienen de un complejo paradigma que suele guardar la familia o incluso la sociedad donde este crece entorno a la riqueza y la pobreza. Estos factores se ponen de manifiesto día a día en cada transacción por pequeña que sea, que la persona realiza.

Por ejemplo, es habitual ver y escuchar personas que expresan abiertamente que los ricos son malos, o que los pobres son siempre buenas personas, incluso, como apoyo de esto, a las personas de escasos recursos se les suele llama "personas humildes". De esta forma, adoptan una actitud acorde a su paradigma financiero. Sin darse cuenta alejan el dinero de su vida, manteniéndose irremediablemente pobres por toda la vida o hasta que toman consciencia de esto.

En este sentido, la educación financiera influye sobre estas actitudes y por tanto sobre las prácticas financieras. De esta forma, cualquier persona puede cambiar su comportamiento con relación al dinero, obteniendo mejoras en su propio bienestar financiero.

Ser rico no es malo

Este es probablemente uno de los paradigmas más comunes en torno al dinero en Latinoamérica y en todo el mundo. Así, desafortunadamente muchas personas suelen pensar que ser rico es malo, que quienes ostentan riqueza son personas malvadas incapaces de una buena acción.

Básicamente, en su mente cada vez que piensan en personas millonarias de inmediato aparecen personajes como el señor Burns de los Simpsons o Scrooge de "Un Cuento de Navidad", en definitiva, seres llenos únicamente de avaricia y mezquindad. Sin embargo, la verdad es que ser una buena o mala persona en absoluto se relaciona con el saldo de la cuenta bancaria que posee un individuo.

Estas son cualidades humanas que pueden presentarse en cualquier persona. En consecuencia, es posible conseguir personas pobres buenas y malas, así como personas adineradas buenas y malas. Pues, más allá de cualquier cosa, el dinero no es ni bueno ni malo, lo que importa es lo que cada persona haga o no haga con él.

Para muchos esto puede pasar desapercibido pero lo cierto es que la forma en que se percibe el dinero se convierte en una especie de fuerza que lo aleja o lo atrae hacia nosotros. Ganar dinero, aceptando que este no hará de nosotros nada que no seamos ya, es lo que permite que esa fuerza magnética traiga dinero a nuestra vida. Por el contrario, si se piensa que ser rico es malo el dinero difícilmente se quedará con nosotros pues no es lo que deseamos.

Los problemas financieros y el estrés

Indudablemente, el ritmo de consumo actual supone una mayor cantidad de gastos por cubrir y pagos por realizar en el día a día. En consecuencia, los pensamientos referentes al dinero van llegando uno tras otro, mayormente pensamientos agobiantes o preocupantes que van forjando, tal como si se tratara de una persona en una relación agridulce.

Así, en general, las deudas o la falta de dinero para cubrir la totalidad de los gastos suelen conducir a enormes cantidades de estrés y ansiedad. Esta es una constante entre quienes enfrentan este tipo de situaciones.

Sin embargo, es importante aprender a lidiar con tales estados mentales y emocionales, porque lejos de contribuir a solventar los problemas financieros suelen empeorarlos en gran manera.

Un primer paso importante es procurarse educación financiera, a fin de detectar los posibles fallos que se están cometiendo e iniciar con mejor pie la administración de las finanzas personales. Además, si se sabe que los problemas de dinero suelen afectar la salud mental, emocional o incluso física, lo mejor será evitar endeudarse, así como gastar lo menos posible, apoyándose siempre en un presupuesto detallado en el que las cuentas estén bajo control y en cierta forma manejables.

Pensamientos relacionados al dinero

La mente es capaz de producir más de 60,000 pensamientos al día, la mayoría de ellos de naturaleza negativa y muchos de estos podrían estar relacionados con el dinero. En este sentido, los paradigmas preconcebidos sobre las riquezas matizan estos pensamientos, a la vez que estos últimos son responsables del estrés y la ansiedad que la situación financiera genera.

Además, a largo plazo estos pensamientos dictaminan las decisiones y acciones que se toman sobre las finanzas personales. Por tanto, son una parte esencial del proceso que debe evaluarse y ajustarse de ser necesario. Así, lo primero será reconocer cuáles son los pensamientos que aparecen en la mente cuando el dinero escasea, o bien aquellos que surgen cuando se tiene en abundancia.

Pues, no es la falta de dinero lo que causa el estrés, sino todos esos pensamientos negativos capaces de agobiar a cualquiera. Esto sucede con mayor contundencia en épocas de crisis o incertidumbre, donde no se sabe lo que va a suceder y entonces la mente llena los espacios con escenarios negativos y miedos. Como resultado, la única imagen posible es que se puede llegar a terminar en la calle mendigando y pidiendo limosna.

A esto le siguen otros pensamientos relacionados con que se necesita ganar más, que los ingresos actuales no alcanzan, lo cual puede provocar un bloqueo y para completar la presentación se ve que a otras personas le va mejor que a nosotros. Como resultado la frustración, la desesperanza, el miedo y hasta la ira surgen, quedando permanentemente asociados al dinero y a la riqueza.

El problema con tener estos pensamientos es que generan dudas sobre las propias capacidades. Se cuestiona si se es capaz de afrontar el no tener dinero, o de proveer lo necesario para sí, y de esta misma forma una serie de juicios que terminan por socavar la autoconfianza y en consecuencia la autoestima.

Así, para evitar esta situación conviene procurar un sólido conocimiento sobre el dinero y las riquezas. Además, es preciso enfocarse en el presente dejando atrás el pasado (solo usarlo como experiencia) y sin obsesionarse con el futuro. En este sentido, Bill Gates dijo: "Nacer pobre no es tu culpa, morir pobre sí lo es". Así que es hora de trabajar por y para lo que deseas alcanzar, enfocados en construir un mejor futuro.

Desarrolla una actitud positiva hacia el dinero

Sin importar las situaciones y vivencias del pasado, es necesario mantener una actitud positiva y optimista, a la vez que se trabaja en que el presente y el futuro sean mejores. Incluso cuando haya desafíos, es preciso superarlos y seguir adelante. En general, se pueden encontrar diversas estrategias que ayuden a canalizar las preocupaciones e inseguridades hacia una actitud positiva.

Lo primordial es enfocarse en el dinero como si fuera un río, este en ocasiones puede estar crecido y repleto en abundancia. Mientras que en otras partes puede ser más quieto y otras casi seco con más piedras que agua.

Sin embargo, se puede confiar en que el agua siempre llegará, pues este es su cauce, y si no lo hiciera, siempre es posible encontrar nuevos afluentes, nuevos cauces, incluso con más agua que los anteriores.

De manera análoga, sucede con el dinero que este siempre llega a nosotros. Solo es cuestión de abrir los caminos hacia los cauces correctos. En este sentido, partiendo de la metáfora anterior, se desprenden los siguientes consejos para desarrollar una actitud financiera positiva y garantizar el flujo de dinero en nuestras vidas.

Confía en ti

Puede que a primera vista cueste ver la relación entre la confianza en sí mismo o la autoestima y el éxito financiero. Pero lo cierto es que cualquier mejora en el estatus financiero exige de estabilidad emocional, y ciertamente las personas con baja autoestima o falta de confianza suelen carecer de esta característica.

Por otro lado, y más importante aún, el dinero es ante todo una herramienta de intercambio de valor. Entonces, cuando no se tiene confianza o se tiene una autoestima comprometida, es usual que nos sintamos con un valor bajo. Entonces, sentimos que no tenemos suficiente valía para merecer la abundancia en nuestras vidas.

En la práctica esto se traduce en conformidad hacia un sueldo bajo o precios disminuidos con relación a los productos y servicios que nos ofrecen. Incluso se hace poco esfuerzo en generar dinero o se sabotea lo que se hace, pues no nos creemos merecedores de riquezas.

Para dar un cambio a esto, lo primero es trabajar cualquier problema que pueda existir relacionado con el amor propio. Asimismo, es necesario conocer el valor que se tiene en cuanto a la calidad del trabajo que se hace. Conviene mantener el foco en las virtudes y fortalezas, y tratar cualquier defecto como una oportunidad de mejora.

Se trata de confiar en que merecemos, queremos y podemos alcanzar la meta. Bajo esta simple premisa, será más fácil que el río fluya hacia nosotros y que las oportunidades para hacer dinero se nos presenten en nuestra vida.

Reconoce el flujo de riquezas a tu alrededor

Una de las principales trabas en la actitud hacia el dinero es la creencia recurrente de que el dinero es muy difícil de conseguir. Lo cierto es que el dinero está siempre ahí afuera esperando que vayamos por él. Si bien, se requiere de estrategia, planificación y dedicación, no es preciso una vida de trabajo forzado para conseguir algunas monedas.

El dinero existe y va pasando de mano en mano, no existe una razón real por la que alguien se vaya a quedar sin dinero. El dinero está en abundancia alrededor de todos, puede que aún no esté en nuestras manos, pero sí podría estarlo. Solo hay que actuar en favor de eso, llamarlo, buscarlo, tomarlo y hacerlo nuestro.

El dinero siempre está en movimiento

De vuelta a la analogía del agua, tenemos que el dinero no puede controlarse. Es como intentar agarrar toda el agua de un río con nuestras manos, algo ciertamente imposible. De igual manera, las finanzas se rigen por leyes concretas que pueden aprenderse mediante la formación, pero al final del día el dinero va y viene.

No obstante, es posible comprender cómo funcionan estos flujos de acuerdo con las leyes económicas y así dar movimiento al dinero, esto es ahorrar, invertir y disfrutar del mismo, pues, se trata de un recurso que existe para el servicio y goce de las personas. De nada sirve guardar todo el dinero que se obtiene, sin gastar un solo centavo. Tampoco se puede tomar todo el dinero y despilfarrarlo sin guardar para el futuro y para imprevistos o emergencias.

El truco está en entender dónde se necesita el dinero, en qué parte del río hace falta y en qué determinado momento. Si se respeta el flujo del dinero este será capaz de abrir paso hacia nuevas corrientes, incrementando su abundancia y cubriendo todas las necesidades que se tengan incluso en los puntos de sequía.

Escoge tus palabras

Muchas veces se pasa por alto el poder que tienen las palabras en la construcción de la realidad que se vive. En este sentido, lo que nos decimos a nosotros mismos y a los demás sobre el dinero, termina por afectar las finanzas. Expresiones como "no quiero gastar", "he gastado mucho", "no me alcanza", "no tengo" o "necesito más", suelen ser perjudiciales, aunque no en todo momento. Esto puede ser una extensión del pensamiento "no tengo dinero". Sin duda alguna, una idea irreal, ya que todos tenemos aunque sea una moneda. Por tal razón, es esencial identificar este tipo de comentarios para reemplazarlos por otros más favorables y que vayan más a acorde con la meta que nos hemos trazado de tener unas finanzas saludables. Para ello, conviene iniciar por juzgar si nuestros comentarios son verdad o no. Luego de hacer este análisis, es muy probablemente que nos sorprenda lo abundante que ya somos.

Tu felicidad no depende de lo que hay en tu cuenta bancaria

Si bien es cierto que el dinero puede ayudar a tener una vida feliz, esto no lo es todo, y la felicidad de ninguna persona debe depender cien por ciento de la cantidad de riqueza que tiene. Se debe poder mantener la sonrisa tanto si la cuenta está en cero como si tiene un enorme saldo. Para ello, se debe dejar ir la creencia de que tener mucho dinero y en todo momento es lo ideal para poder vivir. Desde luego, tener una red es siempre agradable pero también se debe poder trabajar cuando hay ausencia de esta red.

Por otra parte, si en el pasado ya se ha conseguido momentos de abundancia se debe estar confiado en que es más fácil volverla a tener. Si, por el contrario, el dinero siempre ha escaseado se debe considerar evaluar el tema que ya hemos abordado, referente al punto de la confianza, la educación y la formación financiera.

Disfruta del dinero

El dinero está al servicio de quien lo posee, con este se pueden hacer cosas maravillosas, desde comprar pertenencias, viajar, ayudar a otros, consentirse, hacer realidad los sueños, invertir y mucho más. El dinero no está diseñado para guardarse permanentemente en el banco o en casa, es necesario disfrutar de los beneficios que la riqueza puede dar.

Si el dinero genera estrés y ansiedad, bien sea por temor a perderlo o porque aún no se tiene, se debe buscar la manera de sentirte en paz con él. De lo contrario, ni siquiera todo el dinero del mundo podrá calmar estos sentimientos. Conviene reevaluar las razones por las cuales se desea tener dinero, así como recordar que ser rico no es algo malo.

El poder de tu mente te hará millonario

Antes de salir en búsqueda del dinero y las fortunas que el mundo tiene para dar, es esencial comprender que la riqueza es primero un estado mental. Por ello, antes de concretar riqueza en el plano físico es necesario desarrollar una mente próspera. De acuerdo con esto, quienes gozan de riqueza mental pueden recuperarse aún después de perderlo todo.

Mientras que quienes, teniendo una mentalidad de pobreza reciben grandes cantidades de dinero, como es el caso de quienes ganan la lotería, suelen volver a su estado original en muy poco tiempo. Indiscutiblemente, la diferencia principal entre quienes son capaces de generar riqueza desde cero y quienes no pueden conservarla, es su mentalidad.

Así, un estado mental de riqueza se consolida en hábitos y comportamientos comunes entre los millonarios, de la misma forma en que los hay comunes entre los pobres. De manera general, se evidencia que las personas que atraen riquezas tienen algunas características en común, y las detallaremos en este momento.

SECRETOS PARA EL ÉXITO:

1. Cuida tus pensamientos

Las personas con una mente millonaria saben que sus pensamientos son el origen de toda riqueza. Por ello, procuran cuidar la calidad de las ideas que cruzan por su mente. Se esfuerzan en alimentar su imaginación y su mente con frases positivas, afirmaciones, mucha lectura, a la vez que se alejan de las noticias negativas, las historias trágicas, los mensajes pesimistas y las personas tóxicas que suelen emitir quejas constantemente. Por esta razón, estas personas evitan abusar del uso de la televisión, las redes sociales y las personas que no tienen visión a futuro.

2. Estimula tu mente creativa

La creatividad y la curiosidad son, por encima de la inteligencia, atributos esenciales para construir una fortuna. Es por tal razón que en el mundo se puede ver muchísima gente inteligente que no consigue alcanzar el éxito ni un nivel elevado de riqueza a pesar de que trabajan arduamente durante toda su vida.

En contraposición, otras personas usualmente consideradas no tan brillantes, se destacan por su manera peculiar de ver el mundo, aportando soluciones innovadoras, arte u otras habilidades. Como resultado, cosechan grandes fortunas. Esto se debe a que como sociedad se tiene un concepto muy limitado de inteligencia.

Se otorga mucho valor al resultado académico de una persona, cuando en realidad la ciencia ha probado que existen múltiples tipos de inteligencia. Por ello, una persona con una perspectiva de abundancia jamás limitará su aprendizaje a la educación formal, sino que además complementará con lectura nutritiva, pensamiento crítico y creatividad, los cuales son elementos esenciales para pensar fuera de la caja.

3. Da importancia al dinero

Como ya hemos mencionado anteriormente, debido a prejuicios con relación a los ricos y a la riqueza, muchas personas se oponen rotundamente a ser millonarios. Esto les parece lo peor que les puede pasar, por ello lo más probable es que nunca lleguen a serlo. Porque ¿quién se convertiría en algo que aborrece tanto? Para ellos el dinero carece de importancia, pues consideran más importantes otros aspectos de la vida como el amor o la salud, que sí son relevantes pero una cosa no tiene que descuidar la otra.

Por otro lado, las personas con una mentalidad próspera que desean llegar a ser ricos saben que es algo que reconocen para sí mismos y para los demás. Suelen, además, dar importancia al dinero como herramienta que les permitirá cumplir sus sueños y contribuir con la sociedad. En este sentido, si bien la salud y el amor les parecen igualmente esenciales, saben que el dinero les permite pagar cualquier medicina necesaria, así como brindar bienestar a la persona amada, a la familia y a sí mismos.

En definitiva, estas personas no ven nada de malo en querer ser rico y llevar una vida cómoda. El deseo de riqueza y una vida abundante es noble y loable, digno de cualquier ser humano que desee vivir de acuerdo a su máximo potencial.

4. Reconoce el poder del subconsciente

Si bien los pensamientos conscientes y las palabras tienen un impacto importante sobre las finanzas personales, la parte inconsciente es sin duda alguna el motor central. Pues, todo pensamiento que se grabe en el subconsciente se fija en la personalidad, manifestándose como un hábito, aun cuando la persona no se percate de ello.

Así, los individuos con una mentalidad de riqueza revisan sus patrones de pensamiento en búsqueda de cualquier idea recurrente que pueda afectar sus acciones en cuanto al dinero se refiere. Están conscientes del poder que tiene el subconsciente, así también emplean estrategias como la repetición de afirmaciones y la meditación para limpiar su mente de cualquier creencia que riña con el hecho de ser rico o la abundancia en general.

5. Planifica y sé específico

El pensamiento crea cosas, pero se necesita de una acción clara y concisa que le siga, que le de vida. Por ello, quienes están plenamente convencidos de que quieren y pueden convertirse en millonarios, toman acciones acordes a ello. Así, entre las cosas que suelen definir se destacan la cantidad exacta de dinero que desean percibir al año y el espacio de tiempo que le tomará llegar a esa cifra.

Para lograrlo, además, realizan los cambios necesarios y establecen un plan detallado para alcanzar la meta financiera. Este plan lo dejan siempre a simple vista para mantenerse concentrado en el objetivo de riqueza que se han propuesto.

6. Los fracasos te harán más fuerte

El miedo al fracaso es un obstáculo bastante común en el camino de quienes desean hacerse millonarios. Dejan pasar ideas extraordinarias por miedo a fallar en el intento. Sin embargo, fracasar es parte del proceso de aprendizaje que conduce a mejores resultados cada vez, y finalmente al éxito.

Por ello, lejos de algo negativo es solo prueba irrefutable de que se está trabajando en pro del éxito.

Son casos excepcionales, escasos y pocos probables aquellos donde al primer intento se atina a la victoria. Así, casi todos quienes desean alcanzar la libertad financiera fracasan en algún punto del camino. De igual manera, cuando se está verdaderamente comprometido con la meta, se entiende que no hay más alternativa que levantarse y seguir adelante.

Esto es un indicio de auténtica voluntad de salir adelante y de que se tiene un carácter fuerte y creativo capaz de nutrirse de lo negativo para crecer. Con relación a esto, Drew Houston, CEO de Dropbox dijo: "No te preocupes por el fracaso, solo debes acertar una vez".

Además, fracasar nos acerca a la libertad, pues en ese momento en que lo peor ha pasado suelen dejarse ir los temores. Entonces, las acciones se vuelven más determinadas y creativas a fin de intentar de nuevo desde otro ángulo. Si bien es cierto, ninguna persona aspira a que las cosas le vayan mal, intentarlo y fracasar será siempre mejor que no tomar ninguna acción para conquistar la independencia financiera.

Es posible usar el fracaso para llegar al éxito, para ello lo primero es concederle importancia en su justa medida. Es decir, este es importante como parte ineludible de la ruta a la libertad financiera, no obstante, fracasar no es el fin del mundo. Así, esté lejos de constituir una derrota puede ser un trampolín que nos impulse al éxito.

7. Aprende de las caídas

Caer trae consigo crecimiento, siendo esto justamente la importancia del fracaso. Pues, nos enseña, de manera obligada a prepararnos mejor para la siguiente vuelta. En este sentido, es esencial admitir el fracaso, ya que de esta manera se admite también sus enseñanzas.

Por el contrario, cuando se niega a aceptar que se ha fallado, se desperdicia una valiosa oportunidad.

Además, aprender implica realizar los cambios necesarios. Pues, si algo ha salido mal quiere decir que es necesario hacer modificaciones y ajustes, adaptarse a lo que las circunstancias demandan para salir victoriosos. Muchas veces será necesario ir cambiando cosas a punta de ensayo y error. Pero al final, sin duda, seremos más poderosos y si trabajamos para ello lograremos conseguir la libertad financiera.

8. Siempre mantén una actitud positiva

En el momento el fracaso puede dejar un sabor amargo, aun cuando se comprenda que es necesario o que todos pueden fallar, inevitablemente surge la sensación de que hemos sido abatidos. Sin lugar a dudas, un sentimiento más que comprensible pero que no debe prolongarse por mucho tiempo y mucho menos paralizarnos y estancarnos.

Es importante mantener una actitud positiva frente al fracaso. Ver el vaso medio vacío solo nos predispone a fallar, además, con frecuencia hace que se saboteen las propias acciones. En cambio, cuando se mantiene una actitud positiva frente al fracaso es más fácil y probable que se vean caminos alternativos.

En este sentido, conviene concentrarse más en el deseo de querer triunfar que en el miedo a fracasar, pues, el primero suele ser más fuerte e intenso que el segundo.

¿Cómo superar el miedo al fracaso financiero?

Existen muchos los miedos relacionados con el dinero que afectan a las personas en su vida diaria. Estos incrementan la percepción de la incertidumbre y el riesgo que normalmente las finanzas pueden generar. Como resultado las personas optan por no hacer nada, no ahorrar, no invertir, ni mucho menos buscar de alguna forma su libertad financiera.

De manera general, se identifican con mayor frecuencia tres tipos de miedos financieros. El primero de ello es el miedo a la pobreza, el cual se puede manifestar de muchas formas según cada individuo y la situación que atraviese. Por ejemplo, es posible que se torne mezquino, negándose a gastar su dinero o incluso que compre cosas de manera compulsiva para no sentir que le falta el dinero.

En segundo lugar, se encuentra el miedo al éxito, puede parecer contradictorio cuando se está hablando de miedo al fracaso, pero lo cierto es que algunas personas pueden experimentar miedo ante las nuevas responsabilidades y riesgos que supone el éxito. Por tal razón, evitan a toda costa los ascensos, nuevos negocios y cualquier experiencia profesional que le permita ganar más dinero.

Por último, el miedo a la crítica también suele dificultar cualquier acción en pro de ser financieramente libre y exitoso. Se relaciona con marcar la diferencia y sobresalir por temor a los juicios y opiniones sobre sí mismo o sobre su trabajo. Como resultado se prefiere no arriesgarse, pasar desapercibido, opacando sus verdaderas habilidades y desaprovechando cualquier oportunidad que suponga negocios exitosos o nuevos puestos de trabajo.

Estos miedos no suelen erradicarse del todo, pero pueden gestionarse, a fin de poder tomar el control de nuestra vida y lograr el éxito. La mejor manera de combatir el miedo es mediante la acción. Afrontar la situación directamente permite descubrir que aquello que generaba preocupación en el fondo no era para tanto.

En este sentido, Nelson Mandela señaló lo siguiente: "No es valiente quien no tiene miedo sino quien sabe conquistarlo". Es decir que todos, sin excepción, sentimos miedo, esto es una reacción normal que permite al cerebro mantenerse alerta ante posibles amenazas para ayudarnos a protegernos del peligro.

Sin embargo, por lo general, los miedos relacionados al dinero son irracionales, están lejos de mantenernos a salvo y suelen limitar nuestro potencial. Por ello, ante cualquier sentimiento de temor, lo mejor es enfrentarlo sirviéndose de él para ser libre. No en vano, las cosas que usualmente nos dan temor se relacionan con objetivos importantes.

Por último, es necesario tener en cuenta que el miedo siempre estará presente mientras se esté creciendo y se debe aprender a ser feliz con ello. Además, no hay otra forma de superarlo más que afrontándolo. El miedo no es más que una emoción, todo el mundo la siente y todos pueden superarlo. Una buena manera es seguir los consejos que se señalan a continuación:

1. No huyas

Huir o evadir los miedos no harán que desaparezcan. Por el contrario, solo incrementará la sensación de temor e impotencia, cada vez nos sentiremos menos capaces de hacerle frente. Por ello, la mejor manera de superar cualquier temor es haciéndole frente desde el primer momento en que aparece.

2. Acepta que tienes miedo

Negar que se tiene miedo tampoco hará que este desaparezca. El primer paso para superar un miedo es aceptarlo. No obstante, muchas personas tienen dificultad para aceptar que están asustados, creen que tener miedo les hace débiles o vulnerables. Por ello, se engañan a sí mismos con historias y argumentos falsos que les hagan ver valientes, pero olvidan que la valentía no viene determinada por la ausencia de miedo sino por la capacidad de hacerles frente y luchar contra ellos.

3. Permite que el miedo te impulse

El miedo no es un enemigo al que debemos vencer, pues si se ve desde esta perspectiva lo más probable es que el miedo siempre gane. Pues, como se ha dicho el miedo no puede eliminarse por completo, solo es posible controlarlo para usarle a nuestro favor.

En consecuencia, cuanto más se lucha por no sentir temor más miedo se siente. Además, se presentan otras emociones como frustración, ira, decepción y/o tristeza.

La buena noticia es que, si se aprende a conocer el miedo, este puede ser un motor de motivación. Es solo cuestión de cambiar la perspectiva y mirar los miedos como grandes maestros que nos desafían a ir más allá. Hacer lo que nos da miedo es la única manera de librarse de él. Entonces, si nuestro mayor temor es montar un negocio propio, definitivamente deberíamos poner todo nuestro esfuerzo y montar uno.

4. Ámate y confía en ti

Puede parecer un tema ya abordado, pero lo cierto es que en relación con los miedos el amor igualmente juega un papel importante. Se suele creer equivocadamente que el lado opuesto al amor es el odio, pero en realidad es el miedo. Pues, amar significa confiar, y donde existe confianza no cabe lugar para el miedo. En este caso, se trata de amarnos a nosotros mismos y confiar en nuestras habilidades y fortalezas.

Este es, sin duda, el requisito más importante para controlar nuestros propios miedos. Porque si nos consideramos dignos y merecedores, es más fácil construir imágenes positivas con relación a la meta. Asimismo, si amo y confío a mis colaboradores tendré menos miedo de enfrentar los desafíos propios de la búsqueda de la libertad financiera.

Resumen: La libertad financiera comienza por tener la actitud correcta

- Ser rico o pobre no determina el carácter de la persona ni de sus acciones. Por lo tanto, todo individuo o persona que señale la riqueza material como algo malo, constituye parte de un terrible paradigma.

- Quienes comparten esta visión del mundo suelen estar condenado al fracaso financiero, pues inconscientemente harán lo que sea para mantenerse sin dinero y evitar convertirse en un "rico malvado".

- Una de las principales ventajas del dinero y las riquezas, es que en general la falta de él suele conllevar a estados de estrés y ansiedad. También se pueden evidenciar estos síntomas en personas que teniendo muchas riquezas viven temerosos de perderlo.

- Cuando el dinero falte se debe tener en cuenta que si en el pasado se consiguió amasar dinero suficiente para cubrir los gastos o vivir bien es altamente probable que se consiga superar o al menos igualar la hazaña para vivir igual o mejor que en el pasado.

- Uno de los trucos más fiables con relación al dinero es tener pensamientos positivos con relación a él, pues, estos inciden en las actitudes que se tienen referente a la riqueza, y finalmente los actos que llevarán a una vida de pobreza y limitaciones o a la auténtica libertad financiera.

- El dinero está en todas partes, fluyendo permanentemente de una mano a otra, solo es cuestión de saber cómo hacerlo llegar a nosotros. En este sentido, la confianza en sí mismo es una cualidad esencial.

- Si bien, el dinero es un factor importante para la consecución de las metas más relevantes en la vida, este no es determinante en nuestra felicidad. Por ello, aunque se debe trabajar en todo momento por alcanzar la libertad financiera, se debe evitar caer en la obsesión por tener dinero.

- El dinero está hecho para traer disfrute, alegría, servir y resolver problemas.

- El fracaso y las caídas suelen ser maestros excelentes de los que no se puede huir. Pues, siempre habrá un momento en el cual se falle o las cosas salgan de manera contraria a la deseada.

Capítulo IV: Hábitos para ALCANZAR la libertad financiera

Los hábitos son acciones que se realizan regularmente, forman parte del día a día y su impacto en la vida de cualquier persona es muy profundo. En el ámbito psicológico se definen como la repetición de conductas que pueden automatizarse, apareciendo de modo natural como parte de la personalidad de quien las practica.

Así, los hábitos pueden conducir por completo nuestra vida y sus resultados sin que tan siquiera lo notemos. Por ello, tanto en relación con las finanzas como a la vida en general es imprescindible cuidar estas conductas repetitivas, eligiendo las más favorables según las metas que se tengan.

Pues, si se pretende bajar de peso, el hábito de comer una porción de pastel al día puede ser contraproducente. Del mismo modo, si se pretende ahorrar determinada cantidad de dinero, no convendrá gastar demás en comidas fuera de casa, por ejemplo.

En este sentido, es fundamental desarrollar hábitos financieros que se ajusten a los objetivos planteados. Pues, a la larga estos se convierten en la base de las finanzas personales. Los hábitos errados pueden alejarnos cada vez más de la anhelada libertad financiera.

Aléjate de los vendehúmos

Ciertamente, la época actual se caracteriza por un flujo asombroso de información, proveniente primordialmente del internet. Sin importar el tema siempre es posible encontrar expertos que compartan sus consejos y experiencia.

No obstante, esto a su vez ha servido de tarima para personas inescrupulosas que haciéndose llamar gurús ofrecen soluciones mágicas o atajos, que como bien sabemos no existen en el camino a la libertad financiera.

En este sentido, es indispensable aprender a diferenciar la información de buena calidad de la de mala calidad, incluso si vienen de aparentes eruditos de las finanzas. Pues, es precisamente de la información de baja calidad que se lucran los vendehúmos, por ello, suelen ser los primeros en hacer circular este tipo de mala información.

Es vital aprender a identificar tanto la información dudosa como a quienes la venden. Así, ante cualquier propuesta que se evidencia excesivamente fácil o bien ofrezcan resultados inmediatos, se debe tener cautela. Estas son características de lo ofrecido por los vendehúmos que saben cómo endulzar los oídos de las personas sedientas por mejorar su calidad de vida.

Estos no solo pueden hacer que perdamos tiempo y esfuerzo en falsas premisas, sino que, además, llegan incluso a afectar la economía de las personas que siguen sus consejos poco acertados. Así, conviene estar atento a los siguientes indicativos de que se está ante un vendehúmos:

- **Ofrecen riqueza inmediata**

Sin duda alguna esto es lo primero que hace un vendehúmos para llamar la atención de las audiencias más ingenuas. Sin embargo, uno de los principios más fundamentales de la educación financiera es el reconocer que no existen salidas rápidas ni atajos.

Conseguir la independencia financiera requiere cierta cantidad de trabajo, pero sobre todo paciencia. Difícilmente se cosechará una fortuna de la noche a la mañana salvo que sea ganando la lotería, e incluso en este caso si no se han adoptado las actitudes y hábitos correctos el dinero podría perderse rápidamente y sin lograr aprovecharlo sabiamente.

Este tipo de personas buscan convencer a las personas de que sus "métodos" fáciles funcionan. Usan argumentos que en apariencia son correctos o se basan en pseudociencias. Sin embargo, aunque quisiéramos que tales soluciones fueran efectivas y poder hacernos millonarios en cuestión de días y sin mucho esfuerzo, lo cierto es que no existen los atajos.

Por tanto, si en el camino surge un vendehúmos con soluciones extraordinariamente fáciles o apresuradas, lo mejor es proceder con prudencia. Observar, analizar y sopesar cada estrategia propuesta.

- **Generan su riqueza de la venta de atajos y soluciones mágicas**

Este es uno de los aspectos más interesantes de los "gurús financieros", pese a sus múltiples ideas y técnicas de enriquecimiento, su principal o única fuente de ingreso suele ser la venta de sus soluciones mágicas. Muchas veces viven una vida económicamente limitada, lo cual no tiene nada de malo, salvo cuando tú predicas una o más maneras de hacerte rico.

Es decir, un vendehúmos genera sus ingresos de la venta de su humo y no de verdaderos negocios. No aportan soluciones ni servicios reales al mercado. Así, una estupenda manera de detectar un falso gurú de las finanzas es preguntando o indagando en el origen de sus ingresos. Pues, solo resulta un auténtico ejemplo a seguir si devenga ganancias de emprendimientos alternos a la actividad de predicar o enseñar.

ESTRATEGIAS PARA CAMBIAR TU VIDA

- **Conoce tu situación financiera real y actual**

Antes de comenzar a planificar y a trabajar en favor de una vida financieramente libre es imprescindible la situación real desde la que se va a partir. Pues, se requiere un plan y estrategias distintas para una persona con endeudamiento que para una persona con solvencia.

Entre los aspectos más importantes a considerar se destacan el patrimonio existente, capacidad de ahorro, gastos e ingresos, y desde luego el nivel de endeudamiento en el que se encuentra el individuo. Asimismo, la capacidad de producir o generar más ingresos es también de mucha importante. Por ello, una radiografía de la actual situación financiera es indispensable tanto para determinar el plan de arranque como para medir la posterior evolución.

En general, se puede encontrar que la persona se halla en uno de estos tres escenarios:

- Tiene un flujo de caja positivo: sus ingresos superan los gastos.
- Tiene un flujo de caja neutro: sus ingresos y gastos son iguales.
- Tiene un flujo de caja negativo: sus gastos son más que sus ingresos.

Conocer la situación financiera real debe convertirse en un hábito, de manera tal que en todo momento podamos conocer dónde nos encontramos. No obstante, la mayoría de las personas desconoce el valor de su patrimonio o la totalidad de sus ingresos, siendo mucho peor el descontrol cuando se trata de gastos o pasivos.

- **Lleva un registro de gastos e ingresos**

El control de ingresos y gastos es una costumbre fundamental y vital para mantener un conocimiento actualizado de la situación financiera, pues, permite saber cuándo se precisa ajustar los gastos o cuándo es necesario generar más ingresos. De esta forma, se pueden prevenir la necesidad de financiamiento para gastos o determinar cuándo se puede destinar mayor porcentaje de los ingresos al ahorro, por ejemplo.

Además, si se desconoce lo que ingresa y lo que se gasta, será difícil, por no decir imposible, establecer objetivos financieros realistas. En consecuencia, se puede llevar a estados de frustración por no ver resultados en cuanto a la libertad financiera. En definitiva, se trata de un hábito totalmente imprescindible para unas saludables finanzas personales.

- **Crea el hábito de ahorrar**

Establecido el conocimiento de la situación financiera real como un hábito, es posible centrarse en el ahorro. Una práctica indudablemente fundamental para el futuro pero que desafortunadamente solo un pequeño porcentaje de las personas toman en consideración.

Afortunadamente, nunca es tarde para comenzar a ahorrar. Eso sí, debe hacerse de la forma correcta, es decir, guardar dinero bajo el colchón de vez en tanto no es suficiente. En definitiva, destinar un porcentaje para el ahorro es lo primero que se debe hacer al recibir cualquier ingreso.

- **Practica la regla 80/90**

No existe un monto o porcentaje específico u óptimo para dedicar al ahorro, esto dependerá de la relación ingresos/gastos. No obstante, una regla que puede aplicarse a la mayoría de los casos es el 80/90. Esto consiste en utilizar únicamente un 80 o 90 por ciento del salario y el resto destinarlo al ahorro.

Por ejemplo, si se perciben $1,000 dólares mensuales, 200 deberán ser para ahorro. Así, a la vuelta de un año se tendrá un total de $2,400 dólares ahorrados. Hacer esto de manera regular, nos habitúa a organizar las finanzas solo en base al 80/90 por ciento del ingreso.

- **Ahorra con propósito**

Si de establecer el ahorro como una costumbre se trata, lo primero será establecer un propósito definido. Esto permite pensar en el mañana con mayor agrado, fortaleciendo la motivación hacia el ahorro, haciendo más fácil la tarea. Pues, ante la falta de un objetivo la tentación de gastar el dinero en algo que se disfrute hoy pero que no sea necesariamente indispensable, puede hacerse más fuerte. Por ello, al ahorrar conviene ponerle un nombre al dinero guardado. Por ejemplo, "ahorro para viajar a Hawai" o "Ahorro para la universidad".

- **No cometas el error de mantener todo tu dinero en ahorros**

El ahorro es un hábito financiero saludable, de eso no hay duda alguna. Sin embargo, tener todo el dinero en una cuenta de ahorros no es la mejor idea. Pues, como se ha explicado en el punto anterior, el ahorro debe estar asociado a un propósito. Por tal razón, al llegar a cierto punto se debe destinar a ello.

En caso de que no se tenga un fin determinado, lo ideal es invertir. De manera tal que, en lugar de tener todo nuestro dinero en un fondo de ahorro, conviene destinar una parte a algún proyecto de inversiones, especialmente si se está en alguna economía con tendencia a la inflación, ya que en estas circunstancias a largo plazo termina por mermar el valor del dinero.

- **Paga y evita las deudas**

Las deudas son, sin lugar a duda, uno de los principales problemas de quienes buscan la libertad financiera. Una vez que se ha incurrido en ellas pueden ser muy difíciles de pagar.

En consecuencia, se puede vivir en un continuo estado de intranquilidad y desasosiego.

Sin embargo, con un poco de disciplina y determinación es posible saldar todas las deudas. Así, una vez saldadas las deudas, es posible empezar a trabajar en hacer realidad los sueños, que es para lo que verdaderamente sirve el dinero.

Por ello, si se tienen muchas deudas se debe comenzar por priorizar las obligaciones según la cantidad de ingresos que se perciban. Asimismo, tanto si se tiene deudas como si no, el hábito a implementar será el de no adquirir nuevos préstamos. De esta forma, no solo se evita el endeudamiento innecesario, sino que además se ahorra dinero en intereses.

- **Usa con sabiduría la tarjeta de crédito**

La tarjeta de crédito es uno de los medios más frecuentes de endeudamiento, y a diferencia de otros tipos de financiamiento, este se usa primordialmente para el consumo. Es decir, las tarjetas de crédito no contribuyen en la adquisición de activos que fortalezcan el patrimonio, por el contrario, se trata de gastos ordinarios como las compras de la semana o un nuevo par de tenis.

Como resultado se tiene deudas que fácilmente con un poco de planificación se pudieron haber evitado, y lo peor pagando enormes cifras en intereses a causa de las elevadas tasas las cuales suelen ser características de las tarjetas de crédito. Así, con relación a las tarjetas conviene seguir algunas pautas como no gastar más de la cuenta para que a fin de mes se pueda cumplir con el pago de lo comprado.

Otro consejo es tener una sola tarjeta de crédito. De esta forma, solo se tendrá una deuda a fin de mes. En cuanto a los pagos, lo más saludable es no mantener saldos a pagar en las tarjetas de crédito todos los meses. Pero si no se consigue evitar, entonces lo idóneo es pagar más que los pagos mínimos. Pues, si solo se centra en pagar esto, cancelar la deuda total podría tomar un tiempo considerable.

- **Habla positivamente acerca del dinero**

Este es un hábito que se debe cuidar, ya que sus consecuencias pueden ser determinantes en la libertad financiera. Si lanzamos expresiones como "nunca tengo dinero", "ganar dinero es muy difícil" y hasta "maldito dinero", es poco probable que la riqueza llegue a nuestras vidas.

Lo que decimos es un reflejo de las creencias que se tienen acerca del dinero. Si se habla de esta forma es porque se considera en algún nivel consciente o subconsciente que el dinero es malo, por ello será imposible que se mantenga con nosotros. Así, para cambiar la situación financiera es importante dejar de hablar mal del dinero.

Para hacerlo lo primero será tomar consciencia de las conversaciones consigo mismo o con otras personas. Puede resultar sorprendente las muchas conversaciones que se suelen tener donde se habla de manera terrible acerca del dinero y las finanzas personales. Así, el reto consiste en cambiar el chip y hacer habitual el hablar de forma neutra o positiva del dinero.

- **Piensa en el futuro**

Una adecuada planificación permite mantener el foco en el presente sin perder de vista el futuro. Sin embargo, si no se está acostumbrado a concretar un plan, seguirlo puede resultar ser algo muy difícil.

En este sentido, el mero ejercicio es planificar a largo plazo (3 o 5 años), a mediano plazo (1 año) y trabajar constantemente en pequeñas planificaciones que permitan concretar nuestro objetivo tanto a mediano plazo como a largo plazo.

Así, conseguir que los objetivos financieros se cumplan es más que una cuestión de que los números cuadren. Por tal razón, conviene mantener la planificación por escrito y a la vista en todo momento. Esto facilitará la toma de decisiones adecuadas en función de las expectativas y la realidad disponible.

- **Elabora un presupuesto**

Parte indispensable de la planificación a corto y a mediano plazo es el presupuesto. En este sentido, se aconseja realizar uno anual y otro por mes. En el primero se aborda de manera más amplia, mientras que el mensual ha de abarcar todos los gastos e ingresos previstos de manera detallada. El registro realizado previamente de estos ítems puede ser de gran ayuda.

Este ejercicio ayudará a priorizar los gastos regulares, dando prioridad a los verdaderamente esenciales. Asimismo, permite mantenerse enfocados en otros puntos esenciales de las finanzas como la necesidad de nuevas fuentes de ingreso o la posibilidad de destinar un mayor importe al ahorro.

- **Visualiza a dónde quieres llegar**

La técnica de visualizar a dónde queremos llegar es tomada de los grandes del deporte y puede traer múltiples resultados. Para ello, basta un par de minutos al día, convendrá quizás retirarse a un lugar en calma y en silencio, muchas veces puede ser en el coche o bien en el escritorio antes de iniciar la jornada.

Una vez se esté en el sitio escogido, se deben cerrar los ojos, e imaginarse a sí mismo alcanzando la meta propuesta con tanto detalle como sea posible. La ropa que se está usando, la temperatura del ambiente, las personas alrededor y cualquier otro detalle que ayude a construir una imagen mental vívida.

Si la meta deseada es una casa propia, se debe imaginar cada habitación, la fachada, tratar de sentir las llaves y visualizar cómo se introducen las llaves y se ingresa a la casa. Del mismo modo, si la meta es emprender un negocio propio, viajar o ir a la universidad el proceso es el mismo.

Esto ayuda a mantener la motivación en alto, además favorece el ahorro ya que al fijar estas representaciones en tu mente será más fácil ahorrar.

- **Controla tus gastos**

Cuando se habla de control de gastos la reacción suele ser desfavorable, rápidamente se asocia con restricciones sobre cosas que nos gustan. De inmediato se asume que se comerá menos, que habrá menos salidas, que no se comprará más nunca un par de zapatos nuevos, en fin, que ya no se disfrutará de la vida en absoluto.

Sin embargo, controlar los gastos se trata más bien de comprar de manera consciente y planeada, es decir, dejar un necesario margen para otras cosas importantes como el ahorro. Pues, aunque a la vista de muchos los gastos son ineludibles, lo cierto es que muchos pueden descartar sin consecuencias en el bienestar.

En este sentido, la siguiente lista muestra los gastos comunes que pueden eliminarse para fortalecer el ahorro, evitar el endeudamiento o simplemente cubrir otros gastos realmente necesarios.

- **El café mañanero**

Muchas personas gustan de tomar un café en la mañana para energizarse y comenzar el día con buen pie, sin embargo, son pocas las que están dispuestas a preparárselo en casa antes de salir. Por el contrario, prefieren, en lugar de ello, gastar cada día lo que parece una cifra insignificante en la cafetería, pero si se suma el coste de cada café al final del mes, la cifra podría ser asombrosa.

Se trata de un gasto que bien podría ser evitado si se prepara el café en casa. Si de sabor se trata, siempre se puede comprar polvo de café de buena calidad o gourmet. También se puede llevar a la oficina y tomarlo caliente y recién hecho todos los días.

- **Las nuevas tecnologías**

En este punto entran los móviles, las computadoras, scooters, ipods, audífonos bluetooth, y la lista podría seguir. Cada día sale un nuevo producto tecnológico mucho más elegante o con muchas más funciones que su versión anterior. Así, muchas personas esperan que este salga para adquirirlo de inmediato, muchas veces a costa de endeudamiento o dejando de lado el ahorro.

Salvo que se tenga la necesidad real de adquirir el producto para trabajar o mantenerse comunicado, lo mejor es relegar el gasto hasta que la holgura económica permita hacerlo sin trastocar el presupuesto. O bien, incrementar el ahorro para adquirir eventualmente el producto deseado.

- **Los viajes en taxi**

Movilizarse en taxi es indudablemente más cómodo que usar el transporte público. No obstante, pese a que el gasto de un solo viaje parece poco, el total del gasto mensual puede ser una fuga en el presupuesto. Por ello, es indispensable hacer el esfuerzo de levantarse a tiempo y viajar en tren o subterráneo según la ciudad donde se viva.

Además, una manera de verlo es que si se evitan los viajes en taxi ese dinero se puede destinar al ahorro para la compra de un coche propio.

- **Las comidas fuera de la casa**

Comer en la calle supone gastar aproximadamente el doble de lo que equivale comprar la comida para cocinarla en casa. Esto es algo que se puede conseguir solo con un poco de planificación para hacer las compras y preparar las comidas para un día o incluso para la semana completa si fuere necesario o si se tiene problema con el tiempo.

- **Los antojos y las compras impulsivas**

Este es un gasto que muchas veces pasa desapercibido pero que según la impulsividad y el autocontrol de la persona puede llegar a constituir un importante gasto en las finanzas personales. Así, el dinero termina por irse en objetos que por un momento se desean pero que no satisfacen una verdadera necesidad y al poco tiempo se termina por perder el interés en ellos.

En este sentido, lo mejor es ser minucioso en el registro de gastos y evitar aquellos que se identifiquen como innecesarios. Asimismo, algunos trucos que pueden funcionar es no ir al supermercado con hambre, pues esto siempre favorece la compra impulsiva de alimentos que están fuera de la lista. Así también, concurrir a las tiendas o centros comerciales cuando el estado de ánimo pueda favorecer las compras compulsivas.

- **Los servicios innecesarios**

Actualmente el mercado ofrece un sinfín de servicios que, aunque en un primer momento pueden parecer de gran utilidad o muy necesarios, se usan realmente poco. Estos, deben recortarse ya que no solo suponen pagar un servicio al que poco se le da uso, sino que en su gran mayoría son absolutamente prescindibles.

Entre este tipo de servicios se destacan el Telecable, servicios de streaming de video o música, así como otros servicios de entretenimiento que aun cuando pueden tener un uso práctico en el hogar, pueden salir muy caros y llegar a desequilibrar las finanzas.

- **Las salidas nocturnas**

Las salidas de noche pueden ser una experiencia muy divertida y más si se sale con los amigos, pero también pueden llegar a aniquilar el presupuesto en solo unas pocas horas. Asistir a establecimientos como bares o discotecas no son salidas que salen baratas, y son lugares donde el consumismo se pone de relieve, induciendo a que se gaste mucho más de lo esperado, en especial porque pese a que muchas veces son los mismos productos que se encuentran en otros lugares, en una disco el precio suele ser mucho más elevado.

Por ello, lo mejor es buscar otras formas de diversión, como hacer la fiesta en casa e invitar a los amigos, dejando las salidas nocturnas para determinadas ocasiones únicamente. Pero si de todas formas se decide salir de fiesta, entonces se aconseja hacer un presupuesto y apegarse a él.

- **La membresía del gimnasio**

El gimnasio es un gasto interesante si se toma en cuenta que la mayoría de las personas no suelen acudir con regularidad a estos espacios. Además, una membresía suele ser en extremo costosa, por lo menos en algunos países del mundo. Por otra parte, se debe considerar que existen otras formas de entrenamiento mucho más accesibles tales como entrenar en casa, correr o hacer actividades al aire libre.

- **No gastar más de lo que ganas**

Uno de los retos más grandes que enfrentan las personas a la hora de administrar sus finanzas suele ser el control de los gastos para mantenerse por debajo de sus ingresos. El incumplimiento de esta regla básica suele conllevar al endeudamiento constante, impidiendo el ahorro.

Muchas personas viven su vida entera de esta forma, y cuando llegan a la vejez se encuentran totalmente desprotegidos. En este sentido, es común ver individuos próximos a la tercera edad o incluso ya ancianos, lamentándose de haber trabajado toda su vida y hoy día no tener nada. Y en efecto, no lograron construir un patrimonio porque las deudas, los intereses y una mala gestión financiera en general se lo impidieron.

Vivir por encima de las posibilidades que su ingreso le permite es siempre un gran error. Si se desea vivir como rico, conviene primero convertirse en uno. De lo contrario, se está destinado a una situación deficitaria en la que solo acumulan deudas, situación que con el paso del tiempo dejará de ser sostenible.

Así, la planeación financiera es clave, no es una tarea fácil, pero es la mejor manera de mantener los gastos a rayas. En general, basta con seguir algunos pasos básicos, ya mencionados en este libro: identificar claramente los ingresos; controlar los gastos y crear un presupuesto, de igual manera es necesario disminuir el nivel de endeudamiento y ahorrar disciplinadamente.

- **Gastar menos e invertir más**

El problema de los gastos es que muchas veces son prescindibles y hasta innecesarios, tal como sucede con el café de la tienda o la suscripción del Telecable, pues, se puede vivir perfectamente sin ellas, dejando un poco de holgura para cosas más trascendentes como el ahorro y la inversión.

En este sentido, tanto el gasto como la inversión suponen una salida de dinero, pero con la enorme diferencia de que en el primer caso el dinero no volverá, mientras en el segundo, la inversión, se espera un retorno mayor al de la salida. Ciertamente, lo que se gasta en una taza de café difícilmente alcanzará para una inversión importante. Sin embargo, si se guarda (ahorra) el dinero destinado a la taza de café más el destinado a comer en la calle, y también el de la cuenta del Telecable durante algunos meses, de seguro se consigue reunir un monto suficiente para invertir y generar alguna entrada adicional de dinero.

Se puede inferir entonces que para pasar del gasto a la inversión existe un paso previo: el ahorro. Sin embargo, es poco probable que se consiga llegar al ahorro y menos a la inversión, si no se ejerce primero un adecuado control sobre los gastos.

- **Gastar en lo que me hace feliz**

En general, es bastante frecuente creer que la planificación financiera es todo restricciones, renuncias y sacrificios. Sin embargo, es solo una cuestión de priorizar los gastos, aunque no se puede negar que tocará renunciar a algunas cosas, pero bien vale la pena para asegurar un mejor futuro.

Esto no implica que jamás se pueda destinar algo de dinero para algún producto o servicio que nos haga particularmente feliz. De hecho, si se piensa en los frutos futuros, más que en las recompensas inmediatas, el control de gastos, el ahorro y la inversión comenzarán a percibirse como un estupendo motivo de felicidad.

Sin embargo, incluso cuando se trata de cosas que nos hacen felices conviene ser inteligentes. Tal vez un par de tenis nuevos son garantía de felicidad al instante. Pero estos inevitablemente se deteriorarán y pasarán al olvido.

En cambio, alguna vivencia en familia producirá un efecto de felicidad más duradero. En este sentido, se debe preferir gastar más en experiencias que en bienes materiales. De igual manera, volviendo al tema de los tenis, es muy probable que en el armario se encuentren uno, dos, tres o más pares de tenis funcionales. Por lo tanto, los tenis no son en absoluto algo necesario. A diferencia del tiempo en familia que es indispensable para una vida plena, no se necesita gastar demasiado dinero. Tomar un fin de semana al mes para salir a acampar o a la playa, no suele ocupar mucho espacio en el presupuesto y de seguro dejará grandes momentos para la posteridad.

- **Invertir en Educación Financiera**

Cuando se habla de invertir es probable que de inmediato se piense en bolsa de valores, acciones y otros instrumentos financieros similares. Pero hay una inversión que puede ser aún más fructífera que cualquier bono: la educación. Aprender tanto sobre finanzas como sobre otros temas es una manera estupenda de inducir la prosperidad. Pues, el conocimiento ayuda a tener una menta más amplia, capaz de ver oportunidades y ejecutar planes para aprovechar dichas oportunidades.

Hacer presencia en seminarios, cursos, ver documentales, leer e incluso recurrir a estudios de nivel superior, todas estas alternativas están a disposición del que desee tomarlas para sí. No hay excusas, especialmente hoy en día cuando la web está repleta de artículos, eBooks, videos, podcast y webinars que son excelentes para aprender sobre una gran variedad de temas.

A nivel financiero este hábito contribuye a conocer la terminología, conocer nuevas herramientas y desarrollar el pensamiento financiero en general. En cuanto a otras áreas del conocimiento, permite desarrollar nuevos oficios y habilidades que eventualmente podrían rentabilizarse o dar pie a nuevos negocios. Además, el conocimiento es poder, que bien usado puede llevar buenos resultados.

- **Lea, lea y siga leyendo**

Sin duda alguna, leer es una de las formas más simples de adquirir conocimiento. Puede considerarse una herramienta de las más económicas, y aun así su capacidad e impacto para mejorar la vida de cualquier persona es incalculable. No en vano, grandes magnates como Bill Gates y Warren Buffett, uno de los mayores inversores del mundo, recalcan constantemente la importancia de la lectura para alcanzar la riqueza.

Esta es una característica común entre las personas que les va bien con el dinero. Evidentemente se trata de individuos que prefieren invertir su tiempo en la lectura que en otros hábitos menos favorables como la televisión o las redes sociales. Además, se trata de valorar la importancia del conocimiento y el aprendizaje continuo para conquistar el éxito.

En general, ser un lector prolífico supondrá un sinfín de beneficios a nivel personal y profesional. Por ejemplo, en diversas entrevistas Bill Gates ha recomendado leer "Mil veces hasta siempre" de John Green, una novela que a primera vista podría tener poco acerca de la educación financiera, pero si se lee detenidamente podría sorprender al lector.

Además, el fundador de Microsoft sugiere diversos títulos relacionados con el poder de la actitud y cómo tenerla de manera correcta, entre los que se destaca "Mindset: La actitud del Éxito" de Carol Deck.

Asimismo, lee habitualmente biografías sobre grandes personajes, análisis de la historia y desde luego sobre el funcionamiento del dinero y personas que han tenido éxito en la vida.

Con relación a esto último, conviene preguntarse si uno de los hombres más adinerados del planeta se toma la lectura tan en serio, e incluso continúa educándose financieramente, ¿Cómo podríamos el resto de los mortales no incorporar este hábito en nuestras vidas?

- **Asume tus errores financieros**

El flujo del dinero a través de la economía se rige por determinadas leyes, la educación financiera pretende que las personas conozcan y entiendan tales leyes y cómo afectan el movimiento del dinero de una mano a otra. Sin embargo, este conocimiento no nos hace infalibles, por tanto, aun cuando se entienda el funcionamiento del dinero y se mantenga una adecuada gestión de las finanzas personales, es posible cometer errores.

Son muchos los millonarios que en alguna etapa de su vida han fallado, entre ellos podríamos mencionar a emprendedores de éxito como Steve Jobs y Henry Ford. La clave del éxito financiero no se encuentra en nunca fallar, sino en continuar aun cuando se ha cometido el error o el fallo. En este sentido, es esencial admitir que se ha fallado. Culpar a los demás u ocultar y negar el error en que se ha incurrido, impedirá que se aprenda algo de lo sucedido. Además, deja muy mal parada nuestra imagen, dando cuentas de que se es irresponsable, soberbio y negligente. Lo mejor será reconocer lo sucedido y utilizarlo en provecho de una mejor toma de decisiones en las siguientes oportunidades.

- **Busca un modelo a seguir**

Al igual que de pequeños teníamos héroes a los cuales deseábamos emular, en las finanzas conviene tener modelos a seguir. Esto ayuda a definir valores, filosofías, actitudes y acciones que otras personas ya han probado y se sabe que funcionan. Asimismo, puede servir de orientación sobre las cosas que no se deben hacer.

De acuerdo con esto, la tarea consiste en buscar personas que hayan conseguido lo que nosotros anhelamos conseguir. Leer e investigar sobre esa o esas personas y finalmente tomar aquello que puede ser de utilidad para nuestro caso.

Por ejemplo, si se desea ser un erudito del internet se puede encontrar un modelo en personajes como Mark Zuckerberg o Jeff Bezos. Mientras que, si la meta perseguida es llegar a ser un empresario e inversionista exitoso, seguir los pasos de Mark Cuban o Jack Ma será más adecuado.

Afortunadamente, el internet facilita enormemente el acceso a información sobre estas personas. Probablemente mientras más éxitos haya cosechado mayor será la cantidad de información disponible. En la mayoría de los casos va desde artículos en la web hasta series, películas y libros biográficos que detallan algunos de los aspectos más importantes de su camino a la riqueza.

¿Cómo convertirse en una persona imparable/productora?

Ahorrar es indiscutiblemente una piedra angular en relación con la libertad financiera. Sin embargo, por más que se genere un estricto control de gastos y se implemente una filosofía minimalista, será imposible ahorrar si no se tienen ingresos suficientes.

En tales casos, el ahorro debe complementarse con la generación de nuevos ingresos. En la medida en que los ingresos se incrementen y los gastos se reduzcan será posible destinar más dinero al ahorro y por tanto se acortará el tiempo en que se llega a la meta.

En consecuencia, aumentar la productividad personal supone a su vez un mayor control sobre nuestra vida. Además, suele vincularse con un profundo sentido de logro y realza la imagen y el respeto por uno mismo. Eso sí, se debe procurar actividades que no demanden demasiado tiempo para la producción de los ingresos.

Aunque esto en un primer momento puede ser inevitable, eventualmente se debe conseguir que al menos el 80% de nuestros ingresos provengan de la inversión de dinero más que de tiempo, pues, si de alcanzar la libertad se trata, no tiene sentido dedicarle 12 horas al día de nuestro tiempo. La libertad financiera debe abarcar la libertad en el tiempo que se tiene para disfrutar del dinero que se produce.

Con todo esto en mente, se puede iniciar por poner en práctico los siguientes consejos indispensables para convertirse en una persona súper productiva.

- **Apóyate en lo que te motiva**

Nada, absolutamente nada, fomenta tanto la productividad como hacer aquello que nos gusta. Indiscutiblemente la planificación, la educación financiera y las demás herramientas son necesarias para alcanzar el éxito. Sin embargo, ninguna es tan determinante como trabajar en algo que nos haga felices.

Entonces, si se sabe que la pasión que nos mueve es la cocina, lo más apropiado será aprender en esa área. Si bien, trabajar en lo que se quiere no es garantía de éxito, supone un incremento favorable en nuestras probabilidades. Pues, esto nos lleva de manera automática a poner más empeño, prestar atención a cada detalle y a esforzarnos más. Trabajaremos más duro porque nos gusta lo que hacemos y queremos hacerlo. En definitiva, tener motivos para hacer lo que se hace es la mejor herramienta de productividad.

- **Desarrolla buenos hábitos y fuerza de voluntad**

Muchas personas hablan de la debilidad de la fuerza de voluntad, y lo cierto es que la de todos tiene cierto límite. Cuando nos proponemos algo, se suele iniciar con entusiasmo y grandes dosis de motivación. Sin embargo, este efecto suele aminorarse con el tiempo, debido a los contratiempos, al cansancio y a otros factores que van desgastando el entusiasmo inicial.

En este momento, las personas suelen recurrir a la fuerza de voluntad, pero esto suele ser insuficiente por lo cual terminan flaqueando y sintiéndose mal. En lugar de ello, conviene fomentar hábitos sólidos que nos mantengan en el camino correcto incluso en esos días donde la fuerza de voluntad no nos acompaña.

Así, una vez creados los hábitos correctos, ya no se requiere de la fuerza de voluntad. Es paradójico, pero cuando consigues tener la fuerza de voluntad suficiente para consolidar hábitos apropiados, la fuerza de voluntad deja de ser necesaria.

Cuando vemos a una persona disciplinada, en verdad, son hábitos los que realmente le sostienen, y no su fuerza de voluntad. En este sentido, la autodisciplina es un comportamiento que se va forjando de un hábito a la vez.

- **Cuida de ti**

Ser productivo exige de una mente y cuerpo sanos, capaces de dar el cien por ciento en cada situación. Sin embargo, pocas veces nos detenemos a pensar en esto, por el contrario, cada vez que se necesita sacar más tiempo se toma de las horas de sueño o del tiempo para preparar comida saludable o comer.

Si a lo anterior le sumamos el estrés propio de quienes empiezan un negocio o intentan ajustar sus finanzas, se obtiene la receta perfecta para el quebrantamiento físico y mental. Esto es evidente cuando notamos la cantidad de emprendedores que suelen enfermarse.

En este sentido, en la agenda se debe dejar espacio para dormir por al menos siete horas corridas. Asimismo, se debe dar un margen de algunos 15 o 20 minutos para el desayuno y cada una de las meriendas, y media hora para la comida y la cena. Esto, sin olvidar el tiempo necesario para hacer las compras y preparar la comida.

La alimentación y la calidad del sueño afectan de manera directa el rendimiento cognitivo. Por tanto, cuando no cuidamos de nosotros, no solo baja drásticamente el nivel de productividad, sino que, además, somos más propensos a tomar malas decisiones.

- **Establece pequeños objetivos**

Apuntar alto es vital y pensar en grande permite conseguir grandes cosas. Sin embargo, a nivel del día a día, los grandes objetivos pueden crear frustración y desanimar, pues, parece que por mucho que se trabaja, nos acercamos poco a la meta.

No se trata entonces, de abandonar los grandes objetivos, sino de dividirlos en pequeños objetivos hitos. De esta manera, no solo se hace menos pesado el camino, sino que cada hito alcanzado servirá de motivación o impulso para continuar adelante hacia el siguiente.

De esta forma, el objetivo diario no es llegar a la cima de la montaña, sino al siguiente campamento base. En lugar de pensar en grandes metas, divide las grandes tareas en piezas más pequeñas y fáciles de conseguir. Solo es preciso fijar el foco en las tareas del día. Desde luego, esto requiere de una adecuada planificación previa, a fin de definir correctamente cada hito.

- **Crea hábitos simples**

Crear un nuevo hábito puede ser desalentador, rara vez se consigue implementar a la primera, con frecuencia en el proceso se suele fallar. Por ello, lo mejor es crear hábitos claros y simples. Por ejemplo, hacer ejercicio no es lo suficientemente claro, mientras que hacer 100 flexiones de pecho y 100 abdominales a las cinco de la mañana todos los días es demasiado complicado, al menos para iniciar.

Lo mejor es comenzar un paso a la vez, discriminar el hábito que se desea instaurar en pequeños hábitos e incorporarlos uno a uno. En este sentido, si se desea leer un libro al mes, se puede iniciar por leer 20 minutos al día, concretado esto como parte de la rutina diaria, se incrementa a 30 minutos y así hasta leer lo suficiente al día para culminar un título completo por mes.

De igual forma, no es aconsejable iniciar dos hábitos al mismo tiempo, retomando el ejemplo de ejercitarse a la cinco de la mañana, se debe comenzar por el hábito más fácil. Esto sería levantarse a las cinco y luego de haber conquistado este hábito solo resta incorporar gradualmente el ejercicio físico.

Por último, conviene considerar que, según diversos estudios, crear un hábito toma alrededor de 21 días. Una vez se ha conseguido levantarse a las 5 de la mañana durante ese periodo de tiempo se puede considerar que el cuerpo ya ha alcanzado establecerlo como parte de la rutina. Pero si por el contrario la secuencia se rompe, es imprescindible reiniciar hasta lograr repetir la acción durante los 21 días consecutivos.

- **Elimina las tentaciones**

Las tentaciones son todas esas posibles distracciones que pueden hacernos flaquear y bajar el nivel de productividad. Y lo peor es que en la vida diaria se pueden encontrar infinidad de tentaciones, desde postres que infieren con la dieta, zapatos en oferta que se interponen en el control de gastos o un programa de televisión que nos llama cuando debemos trabajar.

¿Cuál es la mejor manera de evitar caer en estas u otras distracciones? Lo mejor que se puede hacer con las tentaciones es eliminarlas. Si se está a dieta, entonces lo más conveniente será sacar de casa toda la comida contraria al régimen que se está siguiendo. Si la meta es evitar los gastos innecesarios, conviene evitar las tiendas e incluso salir solo con el dinero justo.

De igual forma, se puede proceder con cualquier tentación. En el caso de la productividad, uno de los peores enemigos son las redes sociales y la televisión. Algunas soluciones podrían ser: desinstalar las aplicaciones respectivas del móvil e implementar el control parental de la televisión durante las horas en las que se deba dar prioridad al trabajo.

- **Evita la procrastinación**

La procrastinación es probablemente el peor enemigo de la productividad. Se da cuando decidimos dejar algo para mañana a sabiendas de que nos genera un perjuicio en el logro de las metas propuestas. En consecuencia, no solo afecta la productividad, sino que, además, genera estrés y sentimientos de desmoralización.

En general, hay diferentes razones para que las personas procrastinen, primordialmente es por temor a fracasar, por lo que se evita realizar la tarea. Otros problemas asociados son la indecisión que dificulta el cómo hacer la tarea, así como el exceso de confianza que hace pensar a la persona que puede hacer la tarea en menos tiempo del requerido.

Cualquiera que sea la causa de la procrastinación, es indispensable tomar cartas en el asunto. Lo primero será identificar la procrastinación, en qué situaciones se da y cuáles excusas suelen emplearse. En segundo lugar, se debe seguir las pautas del punto anterior y evitar cualquier distracción. Asimismo, se debe cuidar el ambiente de trabajo, haciéndolo lo más inspirador y con las menos distracciones posible.

Resumen: Hábitos para la libertad financiera

- Un hábito es una acción que se realiza regularmente y cuyo impacto es profundo en la vida de quien lo hace. En este sentido, se pueden diferenciar buenos y malos hábitos. Los primeros nos ayudan a ser mejores y los segundos nos alejan de nuestras metas.

- En el ámbito de las finanzas personales, los buenos hábitos nos acercan a la libertad financiera, mientras que los malos nos hacen llegar a la vejez sin ningún patrimonio, lleno de deudas y destinados a vivir limitados por el tiempo y el dinero.

- Entre las malas costumbres financieras se destaca el perseguir soluciones mágicas, gastar descontroladamente, recurrir al endeudamiento para el consumo y no planificar las finanzas.

- Mientras que con relación a los buenos hábitos se tienen los siguientes: planificación de las finanzas, establecimiento de un presupuesto, control de gastos, ahorro de al menos el 10% de los ingresos, inversión del capital ahorrado y la búsqueda de nuevas fuentes de ingreso.

- Un principio fundamental en el desarrollo de una economía personal sólida es no gastar más de lo que se gana. Pues, esto es contrario al hábito del ahorro, se debe buscar la situación contraria, es decir, vivir con menos del dinero que ingresa mensualmente. La diferencia entre el ingreso y el gasto se convertirá en ahorro.

- Pocas cosas pueden beneficiar tanto a las finanzas como lo hace la educación, ya sea que se aprenda en cuanto a la gestión del dinero como si se recurre al aprendizaje de oficios u otras disciplinas. Esto siempre se traducirá en una visión más general y oportunidades para encontrar nuevas formas de obtener dinero e invertirlo.

- Con relación al punto anterior, se tiene que una manera fácil y efectiva de aprender es por medio de la lectura. Este es uno de los hábitos comunes en grandes figuras como Bill Gates.

- Es importante decidirse a ser una persona productiva, esto permite generar ingresos cada vez mayores y por tanto permite ahorrar cada vez más. Algunas prácticas para ser más productivo abarcan: la motivación y la autodisciplina, así como la división de los objetivos en pequeños hitos, haciendo más fácil y accesible su consecución.

Capítulo V: Planificando tu futuro

Indistintamente del nivel de riqueza que se tenga, la planificación es indispensable. De hecho, es esta una de las herramientas que nos ayudarán a multiplicar el patrimonio actual, o bien a construirlo, para alcanzar así la libertad financiera. Pues, esto no solo permite controlar los gastos, sino también a sacar el máximo provecho a los recursos disponibles.

Así, un buen plan ha de tener un enfoque estratégico, abordando no solo las realidades presentes o inmediatas, sino también el futuro y las distintas variables en nuestro control. Es precisamente este factor de visión a largo plazo lo que suele hacer que la planificación resulte intimidante.

Sin embargo, el simple ejercicio de realizar la planificación puede revelar puntos claves sobre los objetivos planteados, los posibles obstáculos en el camino y los recursos que se podrían necesitar. Además, contribuye en un aspecto fundamental que es la toma de decisiones. Cada uno de estos factores son fundamentales, y difícilmente podrán verse si no se traza debidamente el camino a seguir.

Establecer objetivos claros y específicos

Todo plan comienza por la definición de los objetivos claros a seguir, ya que si no se tiene claro a dónde iremos, será difícil establecer una ruta clara para llegar allí. Dicho de otra forma, si no se sabe a dónde ir dará igual cuál camino tenemos que seguir. Una vez establecido este punto, conviene considerar que no se requiere de cualquier tipo de meta, sino que deben ser objetivos claros y precisos.

Solo de esta forma se podrá establecer un plan definido y unas estrategias que nos permitan alcanzar el éxito. Así, la meta que se fija se convierte en una guía. Aquello nos mantendrá en el camino y evitará que se tome cualquier desvío.

Desde luego que, en el ámbito de las finanzas personales, el objetivo final es alcanzar la libertad financiera. Sin embargo, esto va acompañado de metas personales que forman parte del objetivo principal: la independencia financiera.

Además, tanto el objetivo principal como los personales estarán divididos a su vez en muchos pasos y pequeñas metas que conforman el gran todo.

Objetivos SMART

Los objetivos SMART son una útil herramienta para establecer metas fáciles de visualizar, trabajar y alcanzar. El término se utilizó por primera vez en el año 1981 en la publicación "There's a S.M.A.R.T. Way to Write Management's Goals and Objectives" de George T. Doran. En inglés, tiene como significado inteligente, cuyas siglas hacen alusión a las siguientes características:

S = specific = específico

M = measurable = medible

A = achievable = alcanzable

R = relevant = relevante

T = timely = en tiempo

De esta forma, se trata de una metodología ideal para fijar metas con las propiedades descritas.

(S) Objetivo específico

Esto ya lo hemos mencionado anteriormente, un buen objetivo debe ser claro y detallado. Sin embargo, muchas veces no se sabe cómo definir aquello que se desea alcanzar. Un buen comienzo puede ser contestando las siguientes preguntas: ¿qué se quiere alcanzar? ¿cuáles son las motivaciones para alcanzar esto? ¿por qué es importante? ¿cómo puede lograrse? ¿quiénes podrían colaborar?

Por ejemplo, si el objetivo personal que se desea alcanzar es la compra de una casa propia, se debe especificar en detalles como: la cantidad de habitaciones, la zona donde se desea, los colores que tendrá, el tamaño del salón principal y hasta el valor de la propiedad o cómo se pagará. Cada detalle cuenta, y ayuda a tener una imagen clara de lo que se quiere lograr.

(M) Objetivo medible

Un objetivo medible permite constatar su evolución en el tiempo, qué tanto nos acercamos o alejamos de la meta. Para ello es indispensable definir métricas que ayuden a determinar estos progresos. Para muchos esto puede parecer excesivo, o bien considerar que este tipo de herramientas son propias de las organizaciones y no de las personas.

Sin embargo, si no se llevan las métricas de nuestro progreso, se tendrá poco margen de rectificación cuando sea necesario, pues, sucederá que nos habremos desviado del camino sin siquiera haberlo percibido. Además, establecer este tipo de indicadores es en realidad muy sencillo, basta con responder la pregunta ¿cómo sabremos que se ha logrado el objetivo?

Por ejemplo, en el caso del ahorro lo sabremos porque se llega al monto establecido, y conoceremos el progreso según la cifra se aproxime a dicho monto.

Por el contrario, si se observa que la cantidad de dinero ahorrado no incrementa con el pasar del tiempo o incluso se disminuye, entonces nos daremos cuenta de que algo no está funcionando correctamente.

Indiscutiblemente, durante todo el proceso de ahorro es necesario ir haciendo revisiones y muy probablemente se necesite rectificar alguno que otro detalle en el camino, como incrementar el porcentaje de ahorro o el control de gastos.

(A) Objetivo alcanzable

Pensar en grande es una filosofía útil que nos mantiene alejados del conformismo. Sin embargo, Roma no se hizo en un día, y muy probablemente nuestras riquezas tampoco. En este sentido, fijar objetivos alcanzables puede evitar mucho sufrimiento y frustración.

No se trata de descartar los objetivos grandes, sino de dividirlos o repartirlos en otros más pequeños. Si la meta propuesta es construir un patrimonio millonario, es poco realista pensar que esto se alcanzará a la vuelta de un año, en especial si en la actualidad se vive del endeudamiento constante.

Entonces, conviene ajustar la meta para este año a ahorrar una cantidad determinada para invertir. Por tanto, se requerirá establecer algunos objetivos más pequeños como pagar las deudas, crear el hábito del ahorro y educarse sobre las finanzas y las inversiones.

(R) Objetivo relevante

Es realmente poco probable que dos personas compartan exactamente los mismos objetivos. Por ello, si bien es posible tomar como referencia las estrategias de otros, la definición de objetivos, al igual que la planificación, es un proceso que debe hacerse a conciencia y con miras al lugar donde se quiere estar en el futuro.

Además, tener objetivos propios que realmente nos apasionen, serán clave en la consecución de los mismos. De hecho, en casos contrarios, donde los objetivos no nos son deseables, se generan conflictos de valores, impidiendo que se pase a la acción o que se desista ante la más pequeña de las dificultades.

En definitiva, solo un objetivo con un propósito personal conseguirá mantenernos en movimiento. No obstante, tener una meta específica no es suficiente, además, debe cumplir con otras características que incrementen las posibilidades de éxito. El objetivo debe ser importante para la persona, según sus valores, prioridades o los beneficios que se obtendrán.

(T) Objetivo en un tiempo determinado

Muchas veces se obvia el factor tiempo en el planteamiento de los objetivos, olvidando que cada meta supone un proceso de una longitud distinta. Por ello, es importante definir el tiempo en el cual se desea cumplir con determinado objetivo, teniendo en cuenta que según el esfuerzo que se ponga, este se puede alargar o acortar.

En todo caso, es importante mantenerse realista y flexible en cuanto a los plazos. Por ejemplo, si se desea adquirir una vivienda propia, pero además, no cualquier vivienda sino una gran mansión, es fácil suponer que si los ingresos no son exuberantes esto no podrá alcanzarse en poco tiempo.

Será, entonces, menester fijar un plan de ahorro e inversión, considerar alternativas como financiamiento hipotecario u otras herramientas. Pero primordialmente, es esencial entender que este tipo de metas puede tomar tiempo, se debe ser paciente, consciente y consistente. De lo contrario se estará yendo rumbo a la desilusión.

Define tus objetivos en términos positivos

La programación neurolingüística (PNL) nos dice que el cerebro realmente no percibe la palabra "no". Por tanto, cuando planteamos nuestros propósitos en términos de negación como "No gastar de más", el cerebro solo percibe "gastar de más". Como resultado se tienen más pensamientos sobre cómo hacerlo que sobre cómo no hacerlo, lo que produce entonces más deseos de gastar. Esto en la gran mayoría de los casos nos lleva a gastar más, o bien a hacer aquello que se desea evitar.

En este sentido, lo más apropiado sería proponerse controlar los gastos o ahorrar más. De esta manera, se reduce el trabajo del cerebro y se generan más pensamientos enfocados en lo que realmente se espera lograr. Esto favorece la fuerza de voluntad y la motivación.

Una estrategia que puede ser conveniente es escribir estos objetivos, así como frases que apunten en la misma dirección en términos positivos y pegarlas donde podamos verlas, por ejemplo, en el espejo para verla mientras nos peinamos y arreglamos, en el monitor de la computadora o en el retrovisor del coche.

Desglosa tu proyecto en tareas

Si se sigue la metodología SMART, se tiene que cada objetivo supone un plazo para su consagración. Así, según este tiempo determinado se ha de definir un plan de acción constituido no de objetivos, sino de tareas. Es decir, las pequeñas acciones diarias, semanales, mensuales, trimestrales o anuales que nos llevarán al éxito.

De estas pequeñas tareas, se ha de seleccionar la que tenga mayor peso o preponderancia en relación al objetivo. O lo que es lo mismo, aquella cuya realización nos acerque más de prisa a la meta. Una vez escogida, será esta la primera y única tarea a realizar hasta pasar a la próxima.

Por ejemplo, si el gran objetivo es mudarse a Japón, entonces cada día lo primero a realizar será estudiar el idioma de ese país. Pues, sin duda alguna se trata de una tarea indispensable para mudarse a ese lugar. Al proceder así, se eliminan las distracciones que suponen las tareas restantes, cuyo resultado es poco sobre el objetivo fijado.

¿En qué punto se encuentran nuestras finanzas personales?

Saber en qué estado se encuentran las finanzas propias es algo indispensable previo a la planificación. Esto nos da un punto de partida para desarrollar los distintos pasos a seguir, la búsqueda de los recursos necesarios y otros aspectos relevantes.

Así, en relación con las finanzas, lo conveniente será elaborar un balance de nuestra situación económica. Este proporcionará de la información necesaria para desarrollar el plan financiero. En este sentido, debe incluir el total de activos: ahorros, dinero y propiedades, seguidamente de los pasivos: las deudas y pagos que se tengan que realizar.

Con esto en mano será sencillo proyectar hacia el futuro el desarrollo de la economía. En este análisis se deben evaluar los riesgos a los que se está expuesto, tales como quedar desempleado, una enfermedad o la necesidad de cambiar de casa o vehículo.

Además, es preciso considerar ciertas circunstancias, pues, no es lo mismo una persona de 20 años en su primer trabajo, que otra con 50 años, dos hijos y una hipoteca que pagar. Son muchos los factores determinantes que hacen que cada situación financiera sea única.

Esto es muy importante porque ayuda a determinar cuáles variables van a causar mayor impacto, pues no se puede ir a por todo a la primera, es preciso priorizar y establecer estrategias enfocadas en aquellas acciones que brindarán mayor rendimiento en el menor tiempo.

Tu plan financiero

Un plan financiero es una guía que no solo nos indica dónde estamos financieramente, sino además dónde queremos estar a futuro, cuáles son los pasos a seguir para llegar allá y los posibles obstáculos que deberemos enfrentar. En este sentido, un buen plan debe abarcar todos los aspectos financieros relevantes. Esto es: las deudas, el ahorro, el patrimonio actual y la inversión hasta el retiro.

Pues, aunque el punto de partida de cada persona es diferente según la edad, nivel de ingreso, deudas, entre otros, los aspectos más importantes suelen coincidir en la gran mayoría de los casos. Por ejemplo, hay objetivos de vida que suelen repetirse como por ejemplo ir a la universidad, casarse, tener hijos, adquirir una vivienda propia, entre otros. Estos elementos determinan en gran medida los planteamientos y metas financieras de casi todas las personas. Así, una pareja que recién se casa, muy probablemente esté enfocada en ahorrar para comprar su vivienda propia.

Sin embargo, son los pequeños detalles los que determinan las grandes diferencias entre un plan y otro. Puede que dos parejas deseen comprar una vivienda, pero si una la desea en la zona más exclusiva de la ciudad, mientras que la otra la prefiere en las afueras, es probable que el plan cambie drásticamente para uno respecto al otro.

En este sentido, el plan financiero tomará el análisis situacional como punto de inicio, pero su verdadero enfoque se centrará en las expectativas a futuro. Además, puede variar según la cantidad de esfuerzo que esté dispuesto a hacer la persona para concretar su objetivo.

Presupuesto

Un presupuesto es, en pocas palabras, una herramienta para plasmar gastos e ingresos. Este, muchas veces es usado principalmente para tener un plan de gastos. En él se prevé cómo se emplearán los ingresos durante un período de tiempo determinado. En este sentido, indistintamente del nivel de ingresos que se perciba, contar con un presupuesto es sinónimo de control. De esta forma, un presupuesto permite decidir el destino de cada moneda, en lugar de preguntarse cada mes "¿a dónde se ha ido el dinero?".

Si bien, se trata de un término que se ha abordado previamente, en este apartado se explicará con mayor detalle los aspectos de su elaboración.

Ingresos

El primer renglón cuando de elaborar un presupuesto se trata son los ingresos. En general, se habla de sueldos y salarios, propinas, herencias, prestaciones sociales y cualquier otra entrada de dinero regular. A estos se suman los ingresos pasivos, que son aquellas entradas recurrentes que se perciben sin tener que trabajar a cambio. Un claro ejemplo de estos últimos son los alquileres de inmuebles, derechos de patentes o propiedad intelectual, participaciones, entre otros. Sin duda alguna, un concepto que se relaciona íntimamente con la independencia financiera.

Gastos

A los ingresos le siguen los gastos, clasificados en gastos obligatorios y gastos variables. Así, los primeros son ineludibles, deben pagarse de manera regular y corresponden a un monto fijo. En este caso podemos mencionar: el pago del alquiler o de la hipoteca, seguros, servicios de Telecable y teléfono, pago de otros préstamos y deudas.

Por su parte, los gastos variables, si bien son necesarios se presentan de manera menos regular y su importe puede variar de una oportunidad a otra. Entre los gastos variables más comunes se presentan: la compra del supermercado, el pago de la energía eléctrica, el consumo de gasolina, entre otros. Además, estos tienen la peculiaridad de que permiten ejercer un mayor control sobre ellos, pudiendo reducirlos.

Finalmente, los gastos superfluos se corresponden a deseos y no necesidades, por lo que son absolutamente prescindibles. Deben ser los primeros en ser eliminados cuando se desea incrementar la capacidad de ahorro.

El ahorro como gasto fijo obligatorio

Sin duda alguna, el principal objetivo del presupuesto es controlar los gastos para poder ahorrar más. Pues, como ya se sabe bien, el ahorro es fundamental en relación al futuro y las finanzas. Así, quienes eluden el ahorro o lo hacen en escasa medida, viven del mes a mes con la eterna angustia de verse vulnerables ante cualquier eventualidad futura.

Por ello, más allá del nivel de ingresos, el ahorro debe considerarse un gasto fijo, simplemente indispensable. Esta es probablemente la lección más importante en el ámbito de la lección financiera.

Distinguir entre deseos y necesidades

Indudablemente existe una diferencia abismal entre los gastos fijos y los superfluos. No obstante, muchas personas se pasan la vida sin percatarse de esta importante diferencia, en consecuencia, suelen verse envueltos en deudas que cubren el descontrol sobre sus gastos. Esto, sin mencionar que rara vez consiguen apegarse a la filosofía del ahorro.

En este sentido, los gastos fijos y variables se corresponden a auténticas necesidades que deben ser cubiertas como la comida, ropa y vivienda.

Definitivamente nuestra vida sería precaria sin estos elementos. Las deudas también entran en esta clasificación debido a que su incumplimiento puede llevar a la pérdida de activos y en consecuencia afectan el patrimonio.

Sin embargo, los gastos superfluos no son necesarios y son producto netamente del deseo y la compulsividad. Estos deben evitarse a toda costa, ya que todo el dinero que se destine a estos deseos es dinero que se debería ahorrar para el futuro. Esto puede parecer bastante obvio, pero muchas personas se meten en problemas económicos tan solo para sostener estos gastos, ignorando la diferencia entre necesidad y deseo.

Págate primero

En la mayoría de los casos, las personas reciben ingresos, gastan y si queda algo, entonces ahorran. Una estrategia bastante pobre, que difícilmente llevará a ser efectiva para ahorrar lo necesario para independizarse financieramente. Pues, aún luego de años "ahorrando" el dinero juntado será insuficiente para cualquier objetivo importante.

Sin embargo, una de las principales razones detrás de esto, es que no siguen la segunda regla más importante en las finanzas personales: pagarse primero a uno mismo (la primera es siempre gastar menos de lo que ingresa). En lugar de esto, se suele dar prioridad a pagar a otros como los servicios de luz, supermercados o colegios.

De seguro, muchos piensan: "por supuesto, necesito estos productos y servicios, son gastos reales, auténticas necesidades". Y todo esto es cierto, pero aun así es nuestro dinero, la mayoría de las veces lo hemos conseguido mediante trabajo duro. Merecemos algo más que las migajas que quedan después de pagar.

No se debe ahorrar lo que queda después de realizar todos los pagos. Todo lo contrario, se debe gastar lo que queda después de haber sacado el ahorro. En este sentido, es vital tomar como costumbre sacar el dinero para el ahorro antes de cualquier otra cosa. Esto es dinero para nosotros, para nuestro futuro, indiscutiblemente lo hemos ganado y nos lo merecemos.

No confundamos esta idea con la de usar el dinero limitado de manera irresponsable para comprar cosas superfluas en lugar de ahorrar y posteriormente honrar los compromisos como es debido.

Automatiza el pago de las deudas y el ahorro

Todas o casi todas las entidades bancarias suelen ofrecer diversos mecanismos diseñados para hacer la vida más cómoda y fácil, entre los cuales se destaca la posibilidad de automatizar el pago de la deuda. Es decir, indicarle al banco que se cobre de manera automática del dinero disponible en nuestra cuenta el importe correspondiente a los pagos de las deudas.

De esta forma, no solo se elimina una tarea por hacer, sino que entonces los pagos de las deudas ya no dependen de la fuerza de voluntad o la capacidad para organizar este tipo de tareas. Así, estos cobros son generalmente realizados de manera automática en fechas fijas, como el primer día del mes.

Este tipo de servicio también puede aplicarse al ahorro, indicando al banco que tome un porcentaje determinado del dinero disponible en la cuenta y lo transfiera a algún instrumento de ahorro. Esto es ideal cuando se percibe un incremento en los ingresos, pues con este tipo de aumentos suele venir el alzamiento de las necesidades percibidas. Por tanto, pese a que se perciben ingresos mayores, la dificultad para ahorrar sigue siendo la misma.

Trabaja en Equipo

Todos queremos la libertad financiera, por lo que, si llevamos el juego en equipo, todos llegaremos más rápido y con las cargas distribuidas. Hoy en día existen muchísimas personas, sobre todos los nuevos emprendedores que tienen la idea de superioridad y de que ellos son los que hacen mejor las cosas o que para que las cosas queden bien deben realizarlas ellos mismos. Esto es un error fatal pues todos tenemos dones y fortalezas diferentes y unos mejores que otros en distintas áreas.

Para lograr el éxito financiero, es ideal la formación de un equipo, donde todos tengan la misma meta, el mismo objetivo, pero asignaciones distintas. De esta manera llegarán todos más rápido y con menos carga. Todos juegan ganar-ganar.

El fondo de emergencia

Un coche averiado, un electrodoméstico estropeado, enfermedades, divorcios y perder el empleo de manera inesperadamente. Todas estas circunstancias tienen en común que son imprevistos que suceden a diario, a todo tipo de persona y en diferentes lugares del mundo. Nunca se está exento de que algunas de estas situaciones sucedan, generando todo tipo de gastos adicionales e incluso demandando tiempo que se necesita para generar dinero.

Son momentos difíciles y no pueden evitarse, pero en la mayoría de los casos se pueden solventar o atenuarse con algo de dinero. Sin embargo, son realmente pocas las personas que cuentan con un fondo para emergencias. Y sin un fondo de dinero para imprevistos, se suele ver en la necesidad de recurrir a alternativas más costosas como préstamos con elevadas tasas de interés o el sacrificio de las inversiones a largo plazo, dejando de percibir ganancias.

Para evitar estas terribles circunstancias, se aconseja reunir una reserva de al menos tres meses de salario. Esta debe constituirse por medio del ahorro, pero manejarse de manera independiente del ahorro para la inversión, la autonomía financiera u otras metas.

Haz que tu dinero trabaje para ti

No es justo trabajar por el dinero, por el contrario, el dinero debe trabajar para ti. Si ya cuentas con un capital es hora de iniciar. Luego de tener el conocimiento, la educación y el equipo del que hablamos anteriormente es momento de hacer del dinero una máquina que trabaje para ti. Esto es posible lograrlo a través de activos. Busca un nicho que te guste, algún tema que te apasione, y de esto crea ingresos activos.

El ahorro, la inversión y la jubilación

Muchas veces cuando se habla de finanzas personales, se presentan personas con dificultades para mirar más allá de algunos años. Esto ocurre muy frecuentemente cuando se está joven, pues puede ser difícil ver la necesidad de un plan de retiro. Sin embargo, este debería ser el fin último en todo plan financiero. Pues, garantizar el bienestar en esa última etapa de la vida es sencillamente vital. En este sentido, el ahorro e inversión son elementos indispensables en cualquier etapa de la vida que bien aprovechados pueden conducir a una vida financieramente segura.

Sin embargo, algunas veces lo urgente se antepone a lo importante, y la vida se pasa, llegando a su vez donde hay poco o nada que cosechar. Una situación lamentable que viven muchas personas en el mundo: la vejez sin ahorros guardados para la jubilación.

Otros tantos se limitan a ahorrar, pero lamentablemente esto también puede ser insuficiente. Por ejemplo, en los países con altas tasas de inflación se comen el poder económico, causando estragos sobre los ahorros. El ahorro no puede considerarse un plan financiero.

Es aquí donde la inversión bien ejecutada ha demostrado su efectividad. Pues, garantiza ingresos regulares para que cuando llegue la jubilación podamos disfrutar de una situación cómoda. Es esencial invertir los ahorros y usarlos correctamente. Por lo tanto, cuando de planificar el futuro se trata la mejor combinación que se podría llevar a cabo es ahorrar e invertir, ambas cosas al mismo tiempo.

Da el primer paso hacia el futuro

Planificar es una parte verdaderamente determinante del futuro. Sin embargo, si verdaderamente se desea lograr los objetivos financieros es necesario pasar a la acción. Por ello, tan pronto como se ha determinado la estrategia a seguir, se ha diseñado un plan y se tiene claro el presupuesto, no queda más que abandonar el papel de planificador y pasar al de hacedor.

Si bien, el primer paso puede ser difícil, puede incluso ser atemorizante, pero sin este jamás se llegará al final del camino. Es necesario concentrarse en dar este paso a la acción, aún si se trata de uno pequeño, ya que este se encargará de generar un efecto bola de nieve. De manera tal que cada nueva pequeña acción genera un impacto cada vez mayor en favor de la gran meta final.

Solo las acciones continuadas son capaces de crear la realidad que deseamos. Así que, si se tiene planeado hacer cosas grandiosas, no hay más remedio que empezar a actuar justo ahora.

Resumen: Planificando tu futuro

- El futuro financiero depende en gran medida de las prácticas y hábitos que se sostengan en el presente. Así, una adecuada planificación parte de los recursos y realidades del hoy para marcar el camino hacia el lugar económico en el que se desea estar.

- Los objetivos son una parte esencial del proceso, deben fijarse con cuidado y atención, una técnica genial para ello es la creación de objetivos SMART. Estos son los objetivos específicos, medibles, alcanzables, relevantes para nosotros y con un plazo para su logro.

- Además, los objetivos deben establecerse en términos positivos, es decir, enfocándose en lo que se quiere lograr y no en lo que se quiere dejar atrás. Pues, mientras se mantenga el foco en lo que no se quiere, eso mismo se atraerá más a los pensamientos y en consecuencia a nuestra vida, haciendo poco probable que se deslinde eso de nuestra vida.

- Dado que la planificación comienza por la situación presente, es indispensable determinar cuál es la situación actual, haciendo un análisis de activos y pasivos, gastos e ingresos. Luego, a partir de este punto se puede establecer un plan y un presupuesto financiero que propicie el logro de los objetivos previamente fijados.

- El presupuesto es un plan de gastos que contempla el dinero disponible según los ingresos y lo distribuye entre las distintas salidas. Un buen presupuesto contempla como una salida fija el ahorro, destinando siempre una parte del dinero a este propósito y no es sacado de lo que sobra al final, sino que es apartado antes de pagar todos los gastos.

- En la actualidad el mercado de consumo crece de manera exponencial, por ello es común que no se sepa distinguir entre las necesidades y los deseos. Los primeros son gastos que se realizan a cambio de bienes y servicios necesarios para la vida cotidiana como la comida, ropa o vivienda, mientras que los deseos son cosas prescindibles en muchas ocasiones superfluas que se llevan nuestro dinero a cambio de una satisfacción efímera.

- Para potenciar el ahorro de cara al futuro, lo mejor es evitar gastar en antojos, deseos y compras compulsivas, dejando solo los gastos en cosas realmente necesarias.

- En la planificación del futuro se debe tener como una meta clara la jubilación en términos deseables, es decir, con dinero suficiente para vivir bien. Para ello, se deben conjugar dos elementos claves, esto es, el ahorro como resultado de una adecuada gestión de gastos, y la inversión a partir del capital ahorrado.

Capítulo VI: Herramientas para ALCANZAR la libertad financiera

En este punto, ya la libertad financiera es un concepto no solo claro sino deseable. Pues, no cabe duda de que es una de las diferentes aristas que permitirán llevar una vida plena y feliz. Además, la libertad financiera es un apoyo muy útil en la consecución de otras metas.

Así, es normal suponer que la mayoría de las personas, por no decir todas, quieren alcanzar este estado donde el dinero no suponga un problema, un limitante o un factor generador de estrés. Sin embargo, esta puede ser una tarea titánica que no todos lograrán conquistar.

Por tal razón, conviene enfocarse en ciertas herramientas que según la práctica, experiencias y resultados de quienes lo lograron anteriormente, suelen ser muy efectivas e incrementan las posibilidades de lograrlo.

Endeudamiento inteligente

El exceso de endeudamiento es indiscutiblemente uno de los principales enemigos de la salud financiera. Sin embargo, la mayoría de las personas no pueden comprar una vivienda o un coche sin el apoyo de este tipo de estrategias. Así, la adecuada gestión del endeudamiento admite la financiación, siempre que se use con sabiduría.

En este sentido, el endeudamiento inteligente es aquel donde se consume discriminadamente, con inteligencia y racionalidad determinados productos financieros. De esta forma, se convierte en un medio positivo que favorece la construcción de un sólido patrimonio. Más concretamente, el endeudamiento inteligente no es más que financiamiento destinado específicamente a la inversión.

Es preciso entonces, analizar previamente la situación, a fin de determinar si se trata verdaderamente de una deuda inteligente.

Estado financiero personal

Analizar el estado financiero permite determinar la capacidad de pago de la cual se dispone. Pues, permite verificar la existencia y comportamiento de deudas vigentes, así como de los ingresos y egresos existentes. El endeudamiento inteligente, admite solo un préstamo a la vez para evitar caer en un sobreendeudamiento.

En este sentido, se aconseja mantener el endeudamiento por debajo del 30% de los ingresos mensuales. Exceder este tope supone una situación financiera poco saludable y riesgosa.

Contar con un plazo de liquidación adecuado

Con relación al plazo, se tiene que es necesario optar por un plazo adecuado. Pues, los plazos muy cortos suelen conllevar a cuotas elevadas que restringen la liquidez durante el periodo que exija el pago del financiamiento, reduciendo el beneficio del préstamo.

Mientras que si el plazo es muy largo o es muy extenso se suele pagar por más tiempo del que se disfrutará del bien adquirido. Además, en tales casos el pago de intereses también suele elevarse considerablemente.

Una buena recomendación es estimar el plazo ideal según el tiempo máximo en el que se espera consumir el bien que se adquiere por medio de la deuda. Si se sigue esta regla se tiene que, para bienes como inmuebles, lo recomendable son deudas a largo plazo, al menos siete años.

Por su parte, los vehículos, así como también las inversiones, son más acordes a plazos medianos de no más de cinco años. Finalmente, la adquisición de otro tipo de bienes de menor valor, deben pagarse en efectivo. Pues, difícilmente aportarán valor real al patrimonio.

Capacidad para pagar

Sin duda alguna, este es el punto más decisivo aún para que se considere una forma inteligente y positiva de adquirir una deuda. Pues, si no se puede pagar a tiempo y en la forma correcta, se termina por generar intereses moratorios que conllevarán al incremento de la deuda. Como resultado se estará perdiendo dinero, pero ante todo el sentido de invertir.

Por ello, es fundamental tener de antemano un plan financiero específicamente y elegir un crédito que se ajuste en tiempo y en forma a nuestra capacidad de pago. Esto, a fin de que se pueda liquidar la deuda sin mayores contratiempos y así evitar lo antes mencionado. Además, se debe prestar atención a las condiciones de la deuda y asegurarse de tener bien claro cada punto. Habiendo mencionado esto, recordamos que es de suma importante leer las letras pequeñitas que suelen tener los contratos y que la mayoría de las personas se saltan.

Endéudate en inversiones

De manera general, se pueden diferenciar deudas buenas y deudas malas. Esto es, deudas para incrementar el patrimonio y deudas para gastos de consumo, respectivamente. Así, el endeudamiento destinado a la inversión se considera positivo, ya que a futuro este generará un retorno para pagar la deuda y ahorrar a largo plazo.

¿Cómo ahorrar y no morir en el intento?

Ahorrar muchas veces se percibe como un proceso interminable en el cual se necesitarán años antes de poder obtener algún beneficio. No obstante, este escenario no es para nada alentador, y es solo el producto de malas prácticas a la hora de ahorrar. Pues, si se sigue con constancia y disciplina un plan de ahorro, nos sorprenderemos de lo conveniente que es destinar solo una suma pequeña de dinero a este propósito durante un par de años.

Incluso un pequeño pero constante porcentaje de ahorro podría ser suficiente para pagar el enganche de un coche o un viaje. Esta es indudablemente una perspectiva menos agobiante en la que será mucho más sencillo dejar de consumir productos desenfrenadamente, en beneficio de una recompensa futura mucho más grande y placentera.

A continuación, enumeraremos algunas ideas para lograr llevar a cabo el ahorro:

1. Establecer prioridades

Para algunas personas cenar fuera de casa al menos una vez a la semana puede ser imprescindible, mientras que para otros esto puede ser una tontería, pero comprar un outfit nuevo resultaría una necesidad. Estas, al igual que cualquier otra postura son igualmente respetables. Pues, para cada persona lo prioritario representa algo diferente.

El mayor problema surge cuando se le da trato de prioridad a muchas cosas de la vida las cuales generan gastos. En consecuencia, no solo se hace imposible ahorrar, sino que nos volvemos más propensos a la adquisición de deudas. Bajo esta premisa es indispensable tener identificados gastos prioritarios y distinguirlos de aquellos que por su carácter prescindible pueden ser recortados del presupuesto.

Un ejercicio práctico para reconocer qué es y qué no es una prioridad para nosotros es imaginar que ahora mismo quedamos sin trabajo y debemos vivir con la mitad de nuestro ingreso actual. ¿Qué se quedaría con nosotros y qué no? Esto puede aplicarse aún con los ingresos actuales, generando una importante diferencia en los gastos.

No se trata de erradicar todos los placeres para vivir como si se fuera extremadamente pobre, sino de controlar los gastos y moderarse, evitando vivir como un rico sin serlo.

2. Planifica tu ahorro

El ritmo del consumismo se ha acelerado bastante, a la par con la oferta de préstamos personales brindados por los bancos. Por tal razón, ahora se recurre al financiamiento para la compra de televisores, ordenadores o para ir de vacaciones. Sin embargo, en estos casos lo mejor es recurrir al ahorro, dejando el financiamiento para la adquisición de vivienda o el hábito de invertir. En este sentido, el ahorro debe planificarse, dejando margen tanto para este tipo de compras, pero sin descuidar el ahorro destinado a la inversión.

Así, conviene fijar fechas o plazos de ahorro. Por ejemplo, durante dos meses se puede destinar la mitad del ahorro a reunir para el smartphone deseado, respetando siempre que el resto del ahorro es intocable y su propósito será mucho mayor.

Esta tabla que te muestro a continuación es una manera fácil de ahorrar de manera semanal para alcanzar $1,040 al año. Esta es solo una idea, puedes implementar tu propio método según tus posibilidades económicas.

¿Cómo ahorrar $1040 al año de manera fácil?

SEMANA	AHORRO	TOTAL	SEMANA	AHORRO	TOTAL
1	$20	$20	27	$20	$540
2	$20	$40	28	$20	$560
3	$20	$60	29	$20	$580
4	$20	$80	30	$20	$600
5	$20	$100	31	$20	$620
6	$20	$120	32	$20	$640
7	$20	$140	33	$20	$660
8	$20	$160	34	$20	$680
9	$20	$180	35	$20	$700
10	$20	$200	36	$20	$720
11	$20	$220	37	$20	$740
12	$20	$240	38	$20	$760
13	$20	$260	39	$20	$780
14	$20	$280	40	$20	$800
15	$20	$300	41	$20	$820
16	$20	$320	42	$20	$840
17	$20	$340	43	$20	$860
18	$20	$360	44	$20	$880
19	$20	$380	45	$20	$900
20	$20	$400	46	$20	$920
21	$20	$420	47	$20	$940
22	$20	$440	48	$20	$960
23	$20	$460	49	$20	$980
24	$20	$480	50	$20	$1,000
25	$20	$500	51	$20	$1,020
26	$20	$520	52	$20	$1,040

3. El truco de la tarjeta prepaga

Esta es una técnica de ahorro bastante efectiva e ideal para los que tienen menos disciplina. Se trata de hacer un presupuesto asignado semanalmente para gastos necesarios, y posteriormente cargar el monto estipulado en una tarjeta prepago.

Entre algunas consideraciones a tener en cuenta, se tiene que se debe iniciar preferiblemente en el día lunes, ya que si se aplica los días viernes es probable que se termine por gastar de más durante el fin de semana, descompletando los fondos para el resto de la semana.

Por otra parte, esta será la única tarjeta que llevaremos con nosotros, las demás se quedan en casa. Así, una tarjeta de débito con un presupuesto limitado es una herramienta útil cuando la meta es evitar los excesos y apegarse a un presupuesto que ya ha sido establecido.

4. Utiliza una aplicación tecnológica que te ayude a ahorrar

La tecnología está al servicio de las personas, y puede emplearse para mejorar la capacidad de ahorro. En este sentido, existe una larga lista de aplicaciones diseñadas para ayudar a sus usuarios a pagar las deudas, hacer presupuestos más eficientes y reales, controlar los gastos, entre otras muchas cosas más que pueden ser favorables en la gestión de las finanzas personales.

En el caso del ahorro, suele tratarse de aplicaciones con recordatorios programables para que tengamos en cuenta destinar siempre dinero a este propósito. Además, se pueden incorporar ideas motivacionales que nos recuerden para qué estamos ahorrando y no cedamos tan fácilmente ante alguna tentación más inmediata.

¿Qué hacer con el dinero que consigas ahorrar?

Indiscutiblemente, el dinero ahorrado tiene que servir para acercarnos a la libertad financiera. Sin embargo, no siempre es fácil traducir esto en acciones concretas. Así, en general existen dos opciones que siempre resultan convenientes:

- Crear un fondo de emergencia: un fondo de emergencia es necesario para toda persona, brinda la autonomía necesaria para afrontar los imprevistos y las situaciones que se puedan presentar de sorpresa. Sin duda alguna, nadie se encuentra más lejos de la libertad financiera que quienes no cuentan con un fondo de emergencia. Pues, ante la más mínima dificultad podrían perecer financieramente.

- Invertir tu dinero: Una vez ya tengas creado tu colchón, no puedes dejar tu ahorro parado. La inflación hace que tu dinero valga menos cada día que pasa, por lo que es imprescindible invertirlo. Mi opción preferida, sin duda, es invertir en la bolsa de valores.

5. Generar más ingresos

Dado que el ahorro tiene un límite, si se desea acelerar la velocidad de cara a la libertad financiera, conviene generar nuevos ingresos. Existen muchas formas de conseguir dinero extra, desde otro trabajo a medio tiempo o destinar parte del capital disponible a la inversión. De esta forma se podrá ahorrar un mayor porcentaje de los ingresos, invertir más y acortar el tiempo en que se alcanzan las principales metas financieras. En este sentido, es fundamental tener en cuenta que tener nuevos ingresos no quiere decir generar nuevos gastos.

Pues, si al aumentar la columna de ingresos se aumenta también la de los gastos, todo el esfuerzo será en vano, no nos acercaremos más rápido a la meta.

De hecho, por el contrario, solo estaremos reduciendo la libertad de nuestro tiempo libre a cambio de nada. Así, incrementar los ingresos es siempre una buena idea, pero también supone un esfuerzo mayor. Por tanto, a fin de honrar el trabajo extra, se debe ser fiel a las pautas financieras saludables, a fin de sacar el máximo partido al dinero adicional que ingresará.

6. Apostar por alguna idea emprendedora

El emprendimiento ha demostrado ser el caldo de cultivo que conlleva al desarrollo de las más grandes empresas. Todo comienza con una idea innovadora que se presenta como una perfecta oportunidad de negocios. El mayor riesgo lo suele constituir el paso de la imagen que la persona se forma en su momento hacia la oferta del producto o servicio.

En este sentido, una buena idea, ni siquiera la más brillante, es la garantía del éxito, ya que existen otros muchos factores a considerar. Para aumentar las posibilidades se debe mantener la cabeza fría en todo momento, así como seguir los principios financieros recomendados hasta ahora. Pues, ante todo, una idea de negocios debe ser rentable y alcanzable.

Sin embargo, si ya se está seguro, conviene entonces empezar a trabajar en pro de la concreción de la idea. En este punto, es preciso realizar todos los estudios e investigaciones de factibilidad pertinentes, así como encontrar financiamiento, y establecer una ruta a seguir.

7. Ganar dinero desde casa

Cuando de nuevas fuentes de ingreso se trata, las alternativas para implementar desde casa son cuantiosas. Además, ofrecen la ventaja de que se pueden llevar a cabo sin entorpecer el desarrollo de otras actividades. Tanto si se es ama de casa, estudiante o jubilado como si se tiene un trabajo aparte, es posible realizar alguna actividad para ganar dinero sin salir del hogar.

- **Alquilando un espacio de tu hogar**

Muchas veces se tiene una habitación vacía u otros espacios que bien pueden alquilarse para conseguir algo de dinero extra durante el mes. Esta es una alternativa que ha tomado auge en épocas recientes gracias a plataformas virtuales como es el caso de Airbnb. Pues, hoy en día los viajeros están en la búsqueda de un lugar para hospedarse que sea más económico que los hoteles.

Desde luego para ello se debe contar con la infraestructura adecuada y habitaciones debidamente acondicionadas con un baño propio. Si la habitación no se encuentra en estas condiciones, conviene entonces invertir algo de capital en prepararla antes de ofrecer a posibles inquilinos. Finalmente, se podrá alquilar a turistas, estudiantes o profesionales. Otros espacios para alquilar pueden ser porches reacondicionados en forma de apartamentos tipo estudio o bien en forma de locales para pequeños negocios.

- **Comprando y vendiendo productos**

La compra y venta de productos es una forma práctica de trabajar desde casa. En este sentido, una de las maneras más simples de conseguirlo es comprando un producto a bajo costo y revenderlos a un precio superior. Lo ideal en este caso es escoger algún artículo que esté a un buen precio o en oferta, que tenga demanda y del cual conozcas. Por otro lado, también es posible hacerlo con productos hechos por nosotros mismos.

Tanto en un caso como en el otro, en el internet se encuentra un estupendo canal de distribución. Incluso se podría llegar a crear una página web para venderlos. Otra alternativa en el mundo del compra y venta es recurrir a los catálogos de productos tales como cosméticos o artículos para el hogar.

- **Cuidando niños y mascotas**

Sin duda alguna, este es un modelo de negocio que suma ya bastante tiempo en el mundo de los ingresos extras. Es estupendo para quienes les gustan los niños o las mascotas. Además, tiene mucho mercado, ya que las personas suelen necesitar que alguien cuide a sus hijos o mascotas mientras trabajan o cuando salen de viaje.

No obstante, se puede requerir de alguna que otra remodelación, a fin de habilitar un espacio acorde que cuente con seguridad y comodidad para el cuidado de los niños o de las mascotas. Así como, invertir en la compra de juguetes u otros implementos necesarios para llevar a cabo dicha tarea.

El internet como medio para otros ingresos

Como se ha señalado, las nuevas tecnologías son sencillamente una herramienta disponible, de la cual siempre se puede sacar mucho provecho en favor de la libertad financiera. En cuanto a la generación de ingresos desde casa, resulta un medio estupendo que ofrece diversas alternativas. No en vano, cada día se suman más personas a la fuerza del teletrabajo que ya suma algunos millones de individuos alrededor de todo el mundo.

- **Comparte tus conocimientos**

El área de la enseñanza se ha expandido gracias al internet, pues ya no es necesario acudir a un lugar físico para recibir conocimiento. Así, si se es experto en alguna área de conocimiento en particular, esta enseñanza puede impartirse por medio de canales en línea, generando algún ingreso a cambio.

Para ello, es posible convertirse en tutor impartiendo sus clases en vivo mediante plataformas como Skype. Otra opción es producir cursos en formato de video o audio para venderlos en línea, que también hay páginas dedicadas a este tipo de ventas como es el caso de Hotmart.

- **Vende tus servicios**

El freelance es una de las actividades que hoy en día genera mayores ganancias en el internet. Esto consiste en la prestación de servicios de manera remota a través de este medio masivo de comunicación. Es decir, el cliente y el freelancer se encuentran en ubicaciones geográficas distintas y solo establecen contacto por medio de plataformas digitales como Workana, Upwork, Fiverr, entre muchísimas otras más.

Desde luego, para conseguir auténtico éxito en esta práctica conviene destacarse en habilidades, responsabilidad y desempeño. Pues, dado que cualquier persona puede vender sus servicios por esta vía, el nivel de competencia suele ser elevado. No obstante, los clientes suelen preferir a los freelancers que ya han demostrado ser competentes y cumplidos.

Entre las profesiones y oficios más comunes en esta rama del internet, se consiguen todas las relacionadas con la gestión de redes sociales, tales como community managers y expertos en SEO. Asimismo, los programadores y diseñadores gráficos también suelen tener una alta demanda.

- **Vende espacios de tu web**

Para esto es necesario empezar creando un blog que puede ser acerca del tema que te apasione. Luego, en base a tu tema, debes encontrar empresas o negocios que estén relacionados a tu tema para entonces venderles espacio dentro de tu plataforma y lograr que ellos estén dispuestos a pagar o a realizar intercambios contigo para tener su publicidad en tu página. Esta es la forma más común para iniciar, y en muchos sentidos este método es muy parecido a la manera en que una revista u otro medio de comunicación tradicional vende anuncios.

- **Crea una comunidad premium**

De seguro hay un tema que dominas muy bien y en el que tienes "autoridad". Si es así, podrías ofrecer asesoría mensual a una comunidad "Premium", con membresía mensual o anual acerca de ese tema. Esta es una excelente manera de conseguir ingresos recurrentes y que no requiere de mucho esfuerzo, más bien, sí de mucha planificación y organización.

Podrías empezar creando una página de internet o un blog en el que puedes postear contenido de valor de manera gratuita con el fin de adquirir lectores y que estos puedan notar que sabes acerca de ese tema en particular.

- **Hazte una tienda de dropshipping**

Esto consiste en crear una página de internet en donde promociones y vendas el producto de alguien más, lo único es que el fabricante debe encargarse de toda la logística de envío hacia el comprador. Algo que es bueno ya que no tendrás que hacerte cargo de eso, ni necesitarás de un almacén para guardar los artículos. Existen páginas que puedes utilizar para crear fácilmente tu web de dropshipping como es el caso de Shoppify.

- **Conviértete en un influencer o blogger**

Para los que creen que esto es una tarea fácil quiero informarles que no lo es. Requiere de organización, planificación y mucha dedicación. Es muy probable que al principio para crear las bases requiera de invertir mucho tiempo, pero luego de haber llegado a un punto, todo camino solo.

Inicialmente son pocos los que cobran efectivo, más bien se comienza con intercambios. La idea es promover productos, servicios, eventos y marcas a la comunidad con la que se cuenta. Existen blogueros de moda, viaje, comida, entrenamiento, y de muchos otros temas más.

- **Conviértete en asesor de fitness o fitness coach**

Crea un blog o una página web, date a conocer, crea una base de dato con correos y promueve tus servicios de asesor físico. En tu blog podrías tratar temas como el estado físico en general y puede tener a distintos profesionales para dar asesorías y compartir consejos sobre algunos tipos de entrenamiento, dietas especiales para atletas, suplementos y más, con un costo mensual por la membresía. Puedes incluir videos con entrenamientos y recetas de alimentos saludables.

- **Crea un Canal de YouTube**

Trabajar como YouTuber se ha convertido en uno de los trabajos más populares y efectivos de este siglo. Infórmate en cuanto a esto y haz tu cuenta. Hay un sin número de personas ganando altas cifras mensuales por haber creado un canal y mantenerlo activo.

- **Conviértete en Copywriter**

Si eres bueno escribiendo, si te fluyen las palabras, esta es una oportunidad que está en auge. No solo porque hay muchos temas de los cuales escribir sino también porque todo negocio necesita contenido escrito. Este es un excelente trabajo para realizarlo desde casa y desde cualquier parte del mundo donde te encuentres.

- **Trabaja como Community o Social Media Manager**

¿Te gustan las redes sociales? Este puede ser un trabajo para ti. Las empresas que no están en línea pasan desapercibidas, por lo que todas necesitan un buen Community o un Social Media Manager y ese puedes ser tú. Administrar cuentas en Facebook, Instagram, Tic Tok podría ser una buena entrada de ingresos para ahorrar para alcanzar la libertad financiera.

Un buen Community o Social Media Manager puede ganar hasta miles de dólares al mes, trabajando desde cualquier lugar.

- **Trabaja como locutor**

Claro está que esta no es una tarea para todo el mundo, pero si tienes la dicha de tener una voz apta y tienes buena entonación, entonces este podría ser un trabajo virtual que a cualquiera le caería bien.

- **Realiza traducciones**

Al igual que la opción anterior, esta es una opción disponible solo para aquellos que tienen dominio de más de un idioma. Edúcate y adquiere certificaciones en diferentes idiomas y tendrás muchísimas más oportunidades para hacer este trabajo y si gustas al mismo tiempo puedes dar tutorías online.

- **Compra y vende acciones (Day Trade)**

El Day Trading es una forma emocionante de ganar dinero y de ser financieramente independiente. Consiste en la compra y venta de valores, donde las posiciones, casi siempre, se abren y se cierran el mismo día. En todos los mercados líquidos se puede hacer Day trading con divisas, acciones, productos básicos, índices futuros y otros derivados.

Este es considerado uno de los trabajos por internet más arriesgados (tiene una alta inversión inicial y riesgo elevado), pero potencialmente lucrativos. Aquí se trata de intentar aprovechar los movimientos y las tendencias en los precios de las acciones de la bolsa de valores, para comprar y vender en el momento indicado y percibir una buena ganancia.

¿Cómo invertir lo ahorrado para alcanzar la libertad financiera?

Toda inversión tiene sus riesgos, precisamente esta es la razón por la que es necesario pensar todo muy bien y más de dos veces antes de llevarlo a cabo. Pues, tomar el dinero que con esfuerzo y tiempo se ha reunido y arriesgarse a perderlo, aun cuando las probabilidades nos favorezcan, es contrario a cualquier instinto.

Sin embargo, basta con echar un vistazo entre las personas que han logrado retirarse jóvenes, así como quienes indistintamente de su edad se han independizado financieramente para darse cuenta de que la inversión es el paso lógico que le sigue al ahorro.

Desde luego se debe elegir cuidadosamente entre las diferentes alternativas disponibles para invertir en la actualidad. Pues, según la cantidad de capital disponible, el tipo de riesgo que se está dispuesto a asumir, y otros factores puede convenir más alguna opción de inversión sobre otra.

La bolsa y los fondos de inversión

Las inversiones en la bolsa de valores se consideran una de las formas más rentables de inversión a largo plazo, pues, ofrecen un rendimiento superior a cualquier otro tipo de activo. Se debe mantener presente que la bolsa puede ser altamente volátil, por tanto, suele caracterizarse por ser una inversión de muy alto riesgo.

Por ello, antes que nada, es vital recurrir a un especialista o bien educarse en el tema, a fin de elegir tan bien como sea posible los títulos de la inversión. Sin embargo, en los casos donde las acciones bajen de precio violentamente, es importante ser paciente y no vender las acciones, ya que el mercado termina por recuperarse de estos periodos y subsanar las pérdidas.

Otro aspecto para considerar es el monto para invertir, como regla general se aconseja invertir solo parte del dinero disponible y no hacerlo en un solo tipo de acciones. De esta forma, si algo no se desarrolla de acuerdo con el plan no se pierde la totalidad de los ahorros.

Trading online

El trading, es una actividad rentable que, si bien en el pasado estaba reservado para un grupo de personas, hoy está al alcance de todos. Esto gracias a las nuevas tecnologías que le han convertido en una fuente de ingresos muy accesible.

En este sentido, se llama trader al operador financiero que por medio del internet compra y vende diferentes activos. No obstante, desempeñarse como trader también es una actividad de cierto riesgo, por ello es fundamental educarse en la materia, a fin de incrementar las posibilidades de éxito.

Dentro del trading se pueden identificar diversas pautas que permiten entender las alertas del mercado e identificar así el momento en el que conviene comprar o vender. Tales pautas se basan en aspectos técnicos y estadísticos, por lo cual requieren de un adecuado análisis de diferentes indicadores y datos macroeconómicos.

Crowdfunding

El Crowdlending, también conocido como o financiación colaborativa o participativa, consiste en préstamos realizados vía online por un grupo de personas a particulares o empresas. En este sentido, se trata de una estupenda oportunidad de inversión que puede traer consigo maravillosas ganancias. Su naturaleza permite acceder a inversiones pequeñas, ideales para personas con capitales modestos. Desde luego en función de la cantidad de dinero aportado al fondo de financiamiento, se recibirá una cantidad proporcional de las ganancias.

Este innovador modelo de inversión es uno de los más prometedores, pero también de los más riesgosos, por lo que te recomendamos no invertir el grueso de tus recursos en esta opción. Mediante el crowdfunding, a través de plataformas en línea puedes invertir y adquirir un porcentaje de acciones de empresas emergentes o start-ups.

Además, tiene el valor agregado de que te permite apoyar a emprendedores emergentes. Desde esta perspectiva, si todo sale bien, no solo se obtienen ganancias sustanciales, sino también la satisfacción de haber ayudado a hacer crecer un negocio. Desde luego, no se debe ignorar la posibilidad de que las cosas no vayan de acuerdo con el plan, y al igual que sucede con otros tipos de inversión se pierda lo invertido.

Por otra parte, las inversiones a largo plazo, como la compra de bienes raíces o los portafolios de inversión, también son útiles para tener un ahorro, sin embargo, en esto hay más factores que intervienen, como el movimiento del mercado.

Ingresos pasivos

Los ingresos pasivos son aquellos que se reciben sin necesidad de estar presentes físicamente ni con actuación directa, es decir, no requiere dedicar tiempo o esfuerzo. Además, suelen requerir muy poco mantenimiento. Así, una vez se ha creado y configurado la fuente de origen, solo resta recibir las ganancias que de esta se van derivando.

Estos son una parte importante de la libertad financiera, debido a que brindan libertad en cuanto a tiempo al no demandar la presencia de la persona para generar ingresos. Y al mismo tiempo los ingresos constituyen en sí mismo una fuente de ahorro para el futuro retiro.

Un solo ingreso difícilmente nos llevará a la independencia financiera, es recomendable disponer de varias entradas. Además, lo más conveniente en términos de seguridad es que cada uno pertenezca a sectores o mercados diferentes por si surge algún percance. Por otra parte, todo ingreso pasivo debe poder multiplicarse y escalarse fácilmente para producir mayores ingresos de la misma naturaleza.

En último lugar, es bueno mencionar que los ingresos pasivos deben tener una vida útil muy larga, ya que si el ciclo de vida es muy corto se perderá la entrada de dinero que genera y con él la capacidad de ahorro que permitirá llegar rápidamente a la libertad financiera.

El dinero no existe, lo pagas todo con el tiempo

El dinero no existe, lo que realmente se compra y se vende es nuestro tiempo. Así, al adquirir cualquier producto no se paga realmente con dinero, sino con tiempo. Por ejemplo, un producto que cuesta $10 dólares no cuesta realmente esto, sino las horas que se usaron para realizar aquello que se está vendiendo. En este sentido, es esencial dejar de pensar en el precio de las cosas en dinero, y en su lugar considerar el costo del tiempo que se requirió para crearlo.

De esta forma se consigue evaluar con mayor certeza si vale la pena o no adquirir un producto en específico. Por ejemplo, si se perciben $1600 dólares al mes, con el trabajo de 40 horas a la semana. Se tiene que el sueldo recibido es de $10 dólares la hora, es decir que por cada hora de trabajo se reciben $10 dólares. Entonces, algo que cueste $50 dólares conlleva 5 horas de trabajo.

Este es un ejercicio que favorece la toma de conciencia sobre algunas compras innecesarias.

Planifica tu retiro

Prepararse anticipadamente para la época del retiro debe ser una práctica común entre los jóvenes. Pues, si en este momento de productividad plena se tienen problemas económicos, ¿qué se puede esperar cuando el flujo de ingresos merme? Sin embargo, muy pocas personas planifican cómo será su vida tras el retiro y cómo vivirán en esa etapa que supone finalmente el resto de su vida.

Como resultado se ven personas de la tercera edad que una vez llegan al retiro su vida sufre drásticos cambios para mal. Nunca planificaron qué sería de ellos en esta etapa y ahora sencillamente no saben qué hacer, no están preparados. Para evitar estas situaciones lo mejor es empezar a planificar la jubilación desde que inicia la vida laboral.

Para conseguirlo, un primer paso indispensable es asegurarse de la educación financiera precisa, y desde luego ahorrar e invertir con miras a ese momento. De esta manera, se podrán hacer aportes frecuentes y suficientes al fondo de retiro, acumulando una suma de dinero suficiente para cubrir gastos y gozar tranquilamente de esta etapa de la vida en la que uno suele terminar cansado. Es tiempo de descansar y disfrutar.

Retirarse joven es posible

Cada vez más personas se preocupan por su retiro futuro, además piensan en formas de hacerlo tan joven como sea posible para disfrutar de su vida más allá del trabajo. En este sentido, el movimiento "FIRE" (Financial Independence, Retire Early, en español "Independencia financiera, jubilación temprana", apuesta por la acumulación de capital a partir de ahorrar lo máximo posible, invertir y jubilarse cuanto antes con la certeza de que las rentas podrán sostenernos.

Si bien, su origen tuvo lugar en Estados Unidos, en la actualidad se ha extendido al mundo entero. Por lo general, se propone como meta el jubilarse antes de los 40, sin embargo, la idea es conseguirlo cuanto antes sea posible. De esta forma, se contrapone a la idea socialmente aceptada de que se debe salir de la universidad para trabajar hasta los 65 años o más.

De acuerdo con lo anterior, disfrutar de una mayor cantidad de horas libres es la meta primordial del FIRE, que cada persona disfrute de sus días de manera libre y no según el ritmo que marque un jefe o un trabajo en general. Incluso algunos podrían decidir continuar trabajando, pero porque así lo desean y no porque tienen que hacerlo.

Resumen: herramientas para llegar a la libertad financiera

- En la búsqueda de la libertad financiera existen distintas herramientas que permiten atravesar el camino con mayor aplomo y velocidad. Estas suelen ser fáciles de aplicar, siempre y cuando se tengan buenos hábitos como los explicados en los capítulos anteriores.

- El endeudamiento inteligente es la principal diferencia entre la manera en que se endeudan las personas pobres y las ricas. Es que las primeras lo hacen para pagar gastos, lo que deriva en una deuda fútil, que no aporta nada al patrimonio. Por su parte, los ricos adquieren deudas para la adquisición de inmuebles u otros tipos de inversión, de esta forma su patrimonio se ve incrementado.

- Ya sabemos que el ahorro es esencial para alcanzar las metas financieras, sin embargo, suele percibirse como algo difícil de alcanzar. Para facilitar la tarea se puede recurrir a algunas herramientas simples pero efectivas. En primer lugar, se debe realizar una adecuada planificación del ahorro, pero además se tienen estrategias como usar tarjetas prepagadas o apoyarse en la tecnología para aligerar la tarea.

- Para potencializar el ahorro, se puede recurrir a actividades que generen mayor ingreso tales como trabajar desde casa o a través del internet. Esto supone un mundo de posibilidades para conseguir entradas de dinero adicionales.

- El dinero ahorrado debe tener siempre un propósito, uno de los más habituales y redituables es la inversión. Para ello se tienen alternativas como la bolsa de valores, los fondos de inversión, el trading y el crowdfunding entre muchas otras más alternativas.

- La inversión suele llevar a un tipo de ingreso que resulta más que deseable, se trata de los ingresos pasivos y su característica más notoria es que, una vez establecida la fuente de origen, no precisan de tiempo ni esfuerzo para producirse. De esta manera, se trata de un concepto altamente compatible con la libertad financiera, ya que no solo produce riqueza, sino que además otorga libertad de tiempo.

- En cuanto a la planificación del retiro, lo cierto es que cada vez más personas apuestan por el retiro a temprana edad. Esto en definitiva es posible, sin embargo, demanda de un mayor control sobre las finanzas, mucha disciplina y sobre todo dedicación. Así, mientras más joven se comience a trabajar para el retiro, más fácil será alcanzarlo.

Conclusión

Vivir sin trabajar es uno de los grandes sueños de muchas personas alrededor de todo el mundo y aunque no lo creas esto es algo posible y alcanzable que con empeño y dedicación todos pueden lograr. Muchos son los que ya disfrutan de una vida con este estilo, viven económicamente bien o estable y sin tener que salir, ni trabajar desde casa. ¿Quién no quisiera algo así?

La libertad financiera es ese punto económico donde no hay que preocuparse por cómo va a llegar el dinero y mucho menos esa entrada no depende del esfuerzo que la persona realice o no. Otra manera de verlo es la capacidad que tiene un individuo de cubrir todas sus necesidades económicas y sus gustos sin que para ello tenga que realizar algún tipo de actividad o trabajo.

Una persona que tiene libertad financiera es aquella que es dueña de su tiempo, de sus decisiones, de sus vacaciones, de sus gastos y de cada día poder hacer lo que quiera sin tener que estar preocupada por su estado financiero. No requiere de trabajo para vivir porque sus ingresos pasivos cubren todas sus necesidades y sus gustos. Estas son personas que adquieren los suficientes activos los cuales generan un importe mensual o anual y con estos cubren sus gastos.

Esto es posible lograrlo incluso a temprana edad si es que se empieza desde joven con una buena estrategia, un buen plan de ahorro y si realizas una buena inversión que te ayude a producir cada vez más ingresos pasivos (aquellas ganancias en las que no requieres de tiempo ni de presencia para que puedan producirse).

El camino de la libertad financiera es tan emocionante como puede parecer. Inicialmente puede dar un poco de miedo, pues requiere de riesgos y esto puede generar un poco de temor al ser algo tan desconocido, pero puedes estar seguro de que al final siempre vale la pena.

La libertad financiera, no se trata de que trabajemos por el dinero, a pesar de que contemos con dicho potencial. Por el contrario, la idea general es precisamente librarnos de tener que trabajar cada día sin descanso y librarnos de que el trabajo tenga que ser intercambiado directamente en forma de tiempo para convertirse en dinero. Es precisamente la libertad financiera la que busca llevarnos a un estado donde no sea necesario trabajar por el dinero si no que el dinero llegue a nosotros sin estar en constante trabajo.

Cuando se trata de gestionar nuestras finanzas personales, el no tener un plan es lo mismo que planear fallar. Las finanzas personales no es ninguna ciencia mega espacial que requiera grandes habilidades sorprendentes que solo están disponibles para unos cuántos. NO. Todo el que quiere y está dispuesto a educarse y a seguir las pautas que he impartido en este libro, puede llegar a alcanzar su meta en cuanto a lo financiero se refiere. Lo primordial es el interés y la dedicación. Igualmente, tener claras las ideas, los objetivos y las metas son piezas claves para lograr la libertad financiera.

¿Vas a planificar o estas ya planificando tu libertad financiera? Esto es un tema que no debe tomarse a la ligera, al contrario, tiene mucha importancia y todos deberíamos darle la importancia que se merece.

A pesar de que sí es cierto que el dinero no compra la felicidad, a su vez, la libertad financiera permite acercarse mucho a ella. Es hora de alcanzar tus metas. Tus sueños. Dejar ese trabajo. Hacer lo que amas. Viajar. Estar con tu familia. Lo que sea, lo que quieras y cuando quieras.

www.ingramcontent.com/pod-product-compliance
Lightning Source LLC
Chambersburg PA
CBHW070241220526
45465CB00004B/1479